240 - 247

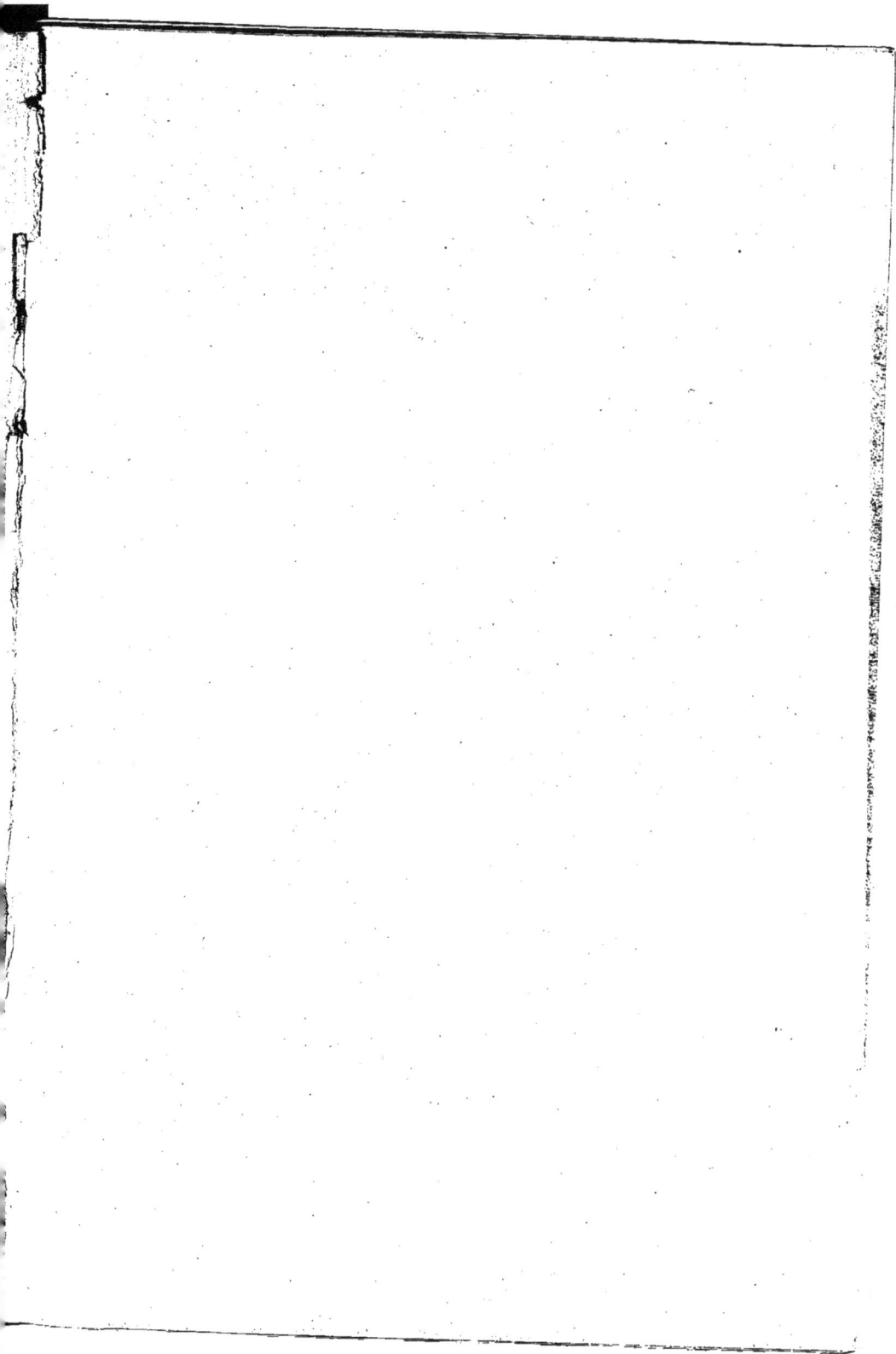

ÉCOLE DE NOTARIAT DE BORDEAUX

DROIT CIVIL

— ✳ —

COURS D'APPLICATION

⁕

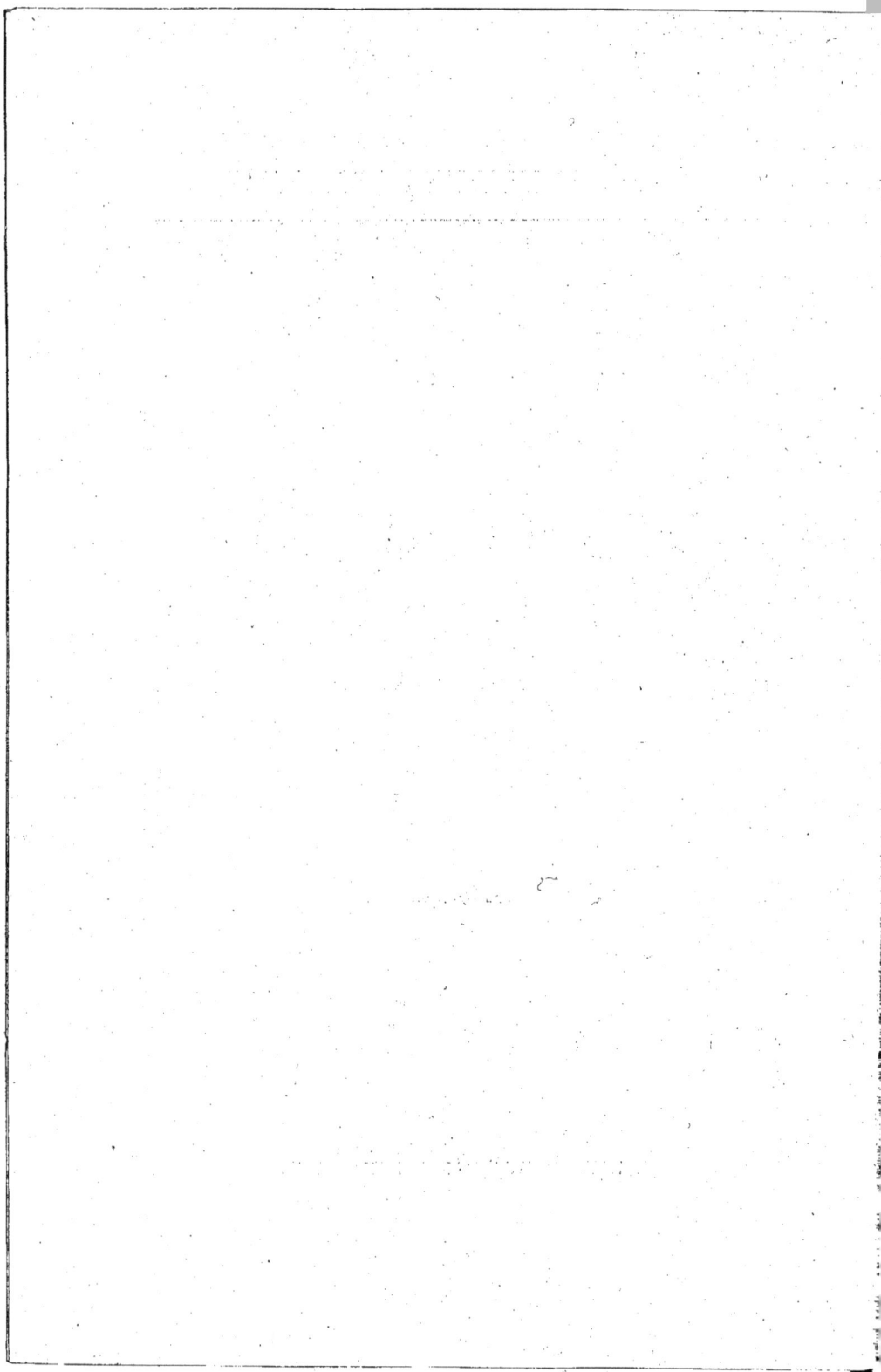

INTRODUCTION

1. Définir le droit. Qu'entend-on par droit national, droit international, droit public, droit privé? Énumérer les divers Codes français.

TITRE PRÉLIMINAIRE

De la Publication, des effets et de l'application des lois en général

2. Comment les lois sont-elles confectionnées, promulguées, publiées?
Quelles sont les effets des lois?
Quel est le pouvoir chargé d'appliquer les lois?

LIVRE PREMIER

Des Personnes

—

TITRE PREMIER

De la Jouissance et de la privation des droits civils

3. Qu'entend-on par jouissance et exercice des droits civils? Quelles sont les causes de la privation des droits civils?

TITRE II

Des Actes de l'état civil

4. Définir les actes de l'état civil. Par qui sont-ils dressés? Indiquer les principaux faits relatifs à l'état civil des personnes.

TITRE III

Du Domicile

5. Définir le domicile, la résidence. Combien distingue-t-on de sortes de domiciles? Quel intérêt y a-t-il à connaître le domicile d'une personne? (Civ. 102 à 111, 60, 74, 93, 112, 115, 120, 129, 165, 171, 353, 359, 363, 406, 492, 514, 822, 1057, 1247, 2018, 2265. — Pr. 2, 59, 861, 865, 875. — Co. 438.)

6. Paul, âgé de 23 ans, domicilié à Perpignan, vient faire son stage de clerc de notaire à Bordeaux. Son domicile se trouve-t-il transféré de plein droit dans cette dernière ville? (Civ. 102 à 105.)
Que décider s'il demeure chez le notaire, dans l'étude duquel il travaille comme stagiaire? (Civ. 109.)

7. Louis, domicilié à Lyon, veut transférer son domicile à Nantes. Il fait la double déclaration prescrite par l'article 104 du Code civil; mais avant d'aller habiter Nantes, il se rend à Paris pour y passer quelques mois. Il y meurt. Indiquer le lieu où s'est ouverte sa succession. (Civ. 110, 103, 104.)

8. Suivant jugement du Tribunal de Limoges, les époux Lucas ont été déclarés séparés de corps, et la garde de l'enfant, issu de leur mariage, a été confiée à la mère.
Celle-ci étant décédée en 1883, un conseil de famille réuni à Limoges, où la défunte avait son domicile, déclara M. Lucas déchu de la tutelle de son fils.

M. Lucas prétendit que son fils n'ayant pas d'autre domicile que le domicile paternel, le conseil de famille aurait dû se réunir à Paris où se trouvait ce domicile et que, par conséquent, la délibération prise à Limoges était nulle. Cette prétention était-elle fondée? (Civ. 406, 408.)

9. Suivant acte reçu par M⁰ X..., notaire à Bordeaux, Jean, domicilié à Paris, s'est reconnu débiteur de 3,000 fr. envers Jacques, domicilié à Libourne. Pour l'exécution de cet acte, les parties ont élu domicile en l'étude de M⁰ X..., notaire à Bordeaux. Quels sont les effets de cette élection de domicile? (Civ. 111. — Pr. 59.)

TITRE IV

Des Absents

10. Un homme a disparu de son domicile ou de sa résidence depuis un certain temps. Sa famille ignore s'il est mort ou vivant. Est-ce un absent ou un non-présent?

CHAPITRE PREMIER

De l'Absence quant aux biens

SECTION I. — Biens délaissés par l'absent

11. Combien distingue-t-on de périodes en matière d'absence? A quel moment commence, à quel moment finit chacune d'elles?

§ 1. — De la Présomption d'absence

12. Pierre, majeur, célibataire, a disparu de son domicile depuis six mois. On ignore où il est. Il a laissé une maison sise à Bordeaux, louée 2,000 fr. par an, et un vignoble situé en Médoc qu'il faisait valoir lui-même. Ce vignoble est resté en friche.
Quelles sont les mesures qui peuvent être prises? Qui peut les requérir? (Civ. 112.)

13. Que décider si Pierre avait laissé un mandataire chargé d'administrer sa maison de Bordeaux? (Civ. 112.)

14. Quelques jours avant le départ de Pierre, son père, qui était veuf, est décédé sans avoir fait de testament. Cette succession revenait pour un tiers à Pierre, qui est en état de présomption d'absence, et pour l'autre moitié à Paul et Jacques, ses frères, qui sont présents. Paul et Jacques voudraient recueillir ce qui leur revient dans cette succession. Comment procédera-t-on? (Civ. 113, 136.)

15. Une succession s'est ouverte, le 26 décembre 1888, au profit d'Étienne et de François. Le 15 janvier 1889 François a disparu, et, depuis lors, on n'a plus eu de ses nouvelles.
M⁰ X..., notaire à Libourne, a été commis à l'effet de le représenter dans l'inventaire de cette succession qui comprend des objets mobiliers se trouvant, les uns à Libourne, les autres à Bordeaux. M⁰ X... peut-il valablement représenter l'absent dans l'inventaire qui doit avoir lieu à Bordeaux? (Civ. 113. — Loi du 25 ventôse an XI, art. 5 et 6.)

16. Si la succession dont il vient d'être parlé se fût ouverte seulement le 20 janvier 1889, eût-il été nécessaire de commettre un notaire à l'effet de représenter l'absent? (Civ. 136 à 138.)

17. Indiquer les différences qui existent entre le notaire commis en vertu de l'article 113 du Code civil pour représenter des présumés absents, et celui qui est chargé de représenter des non-présents en vertu des articles 928, 931 et 942 du Code de procédure civile.

18. Il y a six ans que Pierre a disparu. Son frère Paul reçoit une lettre de lui, datée de Moscou. Quelles vont être les conséquences de la réception de cette lettre?

19. Même question en supposant que Paul reçoive une lettre du maire de Moscou, l'avisant officiellement du décès de Pierre survenu en cette ville, le 1⁰ⁱ novembre 1896.

20. Il y a six ans que Pierre a disparu. L'incertitude sur son existence continue. Quelles mesures nouvelles pourront être prises? (Civ. 115 à 122.)

§ 2. — De la Déclaration d'absence et de l'envoi en possession provisoire

21. Pierre avait pour héritier présomptif, au jour de sa disparition, ses frères Paul et Jacques. Il avait confié à son notaire un testament olographe, aux termes duquel il avait légué sa maison de Bordeaux à son ami Ernest. Depuis la disparition de Pierre, Ernest est mort, laissant pour seul héritier son fils, Lucien, qui est majeur.
La déclaration d'absence de Pierre a été prononcée par le Tribunal civil de Bordeaux le 25 juillet 1896. Indiquer les conséquences de ce jugement. (Civ. 120, 123.)

22. Paul, Jacques et Lucien ont été envoyés en possession provisoire des biens de Pierre. Quelles sont les garanties de restitution que la loi leur impose au profit de l'absent? (Civ. 125, 126.)

23. Paul, Jacques et Lucien se présentent en votre étude : Paul et Jacques pour vendre le domaine rural, Lucien pour hypothéquer la maison. Ferez-vous ces actes? (Civ. 128.) *Quid* si Paul et Jacques voulaient affermer le domaine rural? (Civ. 125, 1429, 1430.)

24. Pierre a disparu le 1ᵉʳ février 1890. Paul, Jacques et Lucien ont été envoyés en possession provisoire le 23 juillet 1896. La maison est louée 2,000 fr. par an. Les impôts s'élèvent à 150 fr., les assurances à 50 fr., les réparations annuelles à 200 fr. environ.

Le domaine rural donne un revenu brut de 14,000 fr., un revenu net de 3,000 fr.

Déterminer la part de revenus qui appartiendra aux envoyés en possession provisoire, en supposant que Pierre reparaisse le 1ᵉʳ mai 1915. (Civ. 127, 131.)

25. Qu'adviendra-t-il si l'on apprend que Pierre est décédé le 12 septembre 1896? (Civ. 130.)

26. Si Pierre ne reparaît pas, à quelle époque l'envoi en possession définitif pourra-t-il être demandé, et par qui? (Civ. 129.)

§ 3. — De l'Envoi en possession définitif

27. L'envoi en possession définitif a été prononcé. Paul et Jacques peuvent-ils procéder au partage des biens? Auraient-ils pu y procéder avant le jugement d'envoi en possession définitif? (Civ. 129 et 815.)

28. Le partage a été effectué. Paul est attributaire du domaine rural et Jacques de valeurs de Bourse. Paul se présente dans votre étude et veut vendre le domaine. Ferez-vous cet acte?

29. Paul a vendu le domaine 30,000 fr. Sur ce prix, 20,000 fr. ont été payés comptant. Il reste dû 10,000 fr.

Sur les 20,000 fr. qu'il a touchés, Paul a employé 5,000 fr. à un voyage d'agrément, et les 15,000 fr. de surplus à l'achat d'un titre de rente 3 °/₀ sur l'État français.

Pierre reparaît. Quels sont ses droits? (Civ. 132.)

30. Après l'envoi en possession définitif et avant le retour de Pierre, Lucien se présente dans votre étude pour échanger la maison de Bordeaux contre un domaine situé à Lormont, avec soulte de 4,000 fr. à son profit. Ferez-vous cet acte? (Civ. 132.)

31. Lucien a fait cet échange. Il consent une servitude de passage sur ce domaine moyennant un prix de 3,000 fr. Puis il grève le domaine d'une hypothèque pour garantie du remboursement d'une somme de 8,000 fr. qu'il a empruntée à un de ses amis. Enfin, il laisse son domaine en friche.

Lucien a employé à son entretien et à ses dépenses journalières les 4,000 fr. montant de la soulte et les 3,000 fr. montant du prix de la constitution de servitude. Pierre reparaît. Quels sont ses droits? (Civ. 132.)

32. Que va-t-il advenir si, dix ans après l'envoi en possession définitif, on apprend que Pierre est décédé le 1ᵉʳ novembre 1896? (Civ. 130.)

SECTION II. — Droits éventuels qui peuvent compéter a l'absent

33. Ernest, majeur, célibataire, a disparu depuis le 15 avril 1895. Le 16 septembre 1896 sa mère, qui était veuve, est décédée sans avoir fait de testament. Elle n'avait que deux fils : Ernest sus-nommé, en état d'absence, et Louis, présent.

Sa succession comprend une maison sise à Bordeaux, une créance de 10,000 fr., un domaine situé à Caudéran, des meubles meublants et des valeurs de Bourse.

Que deviendra sa succession? (Civ. 113, 136.)

34. Louis veut vendre la maison de Bordeaux, faire donation du domaine de Caudéran, et céder à titre onéreux la créance de 10,000 fr.

Ferez-vous ces divers actes? (Civ. 136 à 138.)

35. Répondre aux deux questions précédentes, en supposant qu'Ernest soit militaire, qu'il ait été envoyé à Madagascar, et que, depuis le 15 avril 1895, on ne sache ce qu'il est devenu. (Lois du 11 ventôse et du 16 fructidor an II.)

CHAPITRE II

De l'Absence quant à la famille

SECTION I. — Effets de l'absence relativement au mariage

36. Jeanne, mariée avec Jean qui a disparu depuis seize ans, veut se marier en deuxièmes noces avec Paul. Elle se présente en votre étude pour passer son contrat de mariage. Ferez-vous cet acte? Elle voudrait vendre une maison à elle propre. Ferez-vous cet acte? (Civ. 227 et 222.)

37. M. Durand est parti pour un voyage au long cours en 1854, et depuis lors on n'a pas eu de ses nouvelles. Sa femme, se disant veuve, a souscrit en 1876 une reconnaissance de 24,000 fr. au profit de Lucien. Ce dernier ayant réclamé le paiement de cette somme, Mme Durand a opposé à sa demande la nullité de la reconnaissance en se fondant sur le défaut d'autorisation du mari, dont le décès n'est pas prouvé. La reconnaissance est-elle valable? (Civ. 225, 1315.)

SECTION II. — Effets de l'absence relativement a la situation des enfants de l'absent

38. Du mariage de Jean et de Jeanne est né un enfant actuellement âgé de 6 ans, qui est propriétaire, en vertu d'une donation, d'une maison louée 6,000 fr. par an. Jean disparaît. Qui exerce les droits qui lui appartenaient sur son enfant? (Civ. 141, 389, 384.)

Quid si au moment de la disparition du père, la mère était déjà décédée? (Civ. 142.)

Quid si la disparition du père est suivie du décès de la mère avant la déclaration d'absence ? (Civ. 142, 390.)

39. Même question en supposant que la mère disparaisse, le père étant présent.

Quid si la mère disparaît après le décès du père?

Quid si la disparition de la mère est suivie du décès du père avant la déclaration d'absence? (Civ. 390, 142.)

40. Un veuf ou une veuve ayant des enfants mineurs de son premier mariage, en contracte un nouveau, puis vient à disparaître, ses enfants du premier lit étant mineurs et sous sa tutelle. Qu'adviendra-t-il? (Civ. 143, 142.)

41. Qu'adviendra-t-il dans les divers cas prévus par les questions n°s 38, 39 et 40, lorsque la déclaration d'absence sera prononcée?

TITRE V

Du Mariage

§ 1. — *Des Consentements à mariage et des actes respectueux*

42. Jean, âgé de 24 ans, veut se marier avec Jeanne. Son père est opposé à ce mariage. Sa mère y consent. Le mariage sera-t-il possible?

Que décider si, à l'inverse, le père consent au mariage, tandis que la mère refuse d'y consentir? Comment dans ce dernier cas sera constaté ce dissentiment? (Civ. 148.)

43. Jean a sa mère, ses deux aïeuls maternels et son aïeul paternel. Son père est prédécédé. De qui doit-il obtenir le consentement pour son mariage? (Civ. 149.)

Même question en supposant que le père soit en état d'absence ou frappé d'interdiction judiciaire. (Civ. 149.)

44. Louis, âgé de 23 ans, a ses deux aïeuls paternels et son aïeule maternelle. Sa mère est décédée, son père est en état de démence. Qui devra consentir à son mariage?

Les deux aïeuls paternels s'opposent au mariage, l'aïeule maternelle y consent. Le mariage est-il possible? (Civ. 150.)

45. Ernestine, âgée de 20 ans, a son aïeule et son aïeul du côté paternel; elle a aussi son aïeul et son aïeule maternels. Ses père et mère sont décédés. L'aïeul maternel consent à son mariage. Les trois autres ascendants refusent leur consentement. Le mariage sera-t-il possible? (Civ. 150).

46. Charles, âgé de 22 ans, a son aïeule maternelle et deux bisaïeuls du côté paternel. Son aïeule maternelle s'oppose à son mariage. Ses deux bisaïeuls paternels y consentent. Le mariage est-il possible? (Civ. 150, 148.)

47. Jeanne a été confiée à l'Assistance publique par sa mère devenue veuve et dans l'impossibilité de subvenir à ses besoins. Âgée de 19 ans, elle veut se marier. Sa mère refuse son consentement. Le mariage sera-t-il possible? (Loi du 24 juillet 1889, art. 17, al. 2.)

48. Louis, âgé de 23 ans, veut se marier avec Louise. Son père assistera à la célébration civile de son mariage. Sa mère sera dans l'impossibilité d'y assister. Dans quelle forme seront donnés les consentements du père et de la mère? (Civ. 73. — Loi du 8 juin 1893.)

49. Julie, âgée de 18 ans, a sa mère et ses deux aïeuls paternels. Son mariage avec Jules doit être célébré le 16 février 1897. Sa mère lui a donné son consentement par acte notarié le 12 janvier. Le 25 du même mois, la mère de Julie, ayant eu de mauvais renseignements sur Jules, veut retirer son consentement. Le pourra-t-elle? Si oui, de quelle façon? (Civ. 173, 66, 176.)

50. Qu'adviendra-t-il si la mère de Julie meurt après avoir donné son consentement par acte notarié, et avant d'avoir formé opposition au mariage?

Qu'adviendra-t-il si elle meurt après avoir formé opposition?

51. Louis, âgé de 26 ans, veut se marier avec Louise. Son père et sa mère refusent de consentir à son mariage. Le mariage sera-t-il possible? (Civ. 151.)

Même question en supposant que les père et mère de Louis étant prédécédés, ses aïeuls paternels et maternels refusent leur consentement. (Civ. 151.)

Mêmes questions en supposant que Louis soit âgé de 45 ans.

52. Ernestine est âgée de 22 ans. Son père s'oppose à son mariage. Le mariage sera-t-il possible? (Civ. 151.)

53. Indiquer dans quelles formes doivent être faits les actes respectueux. (Civ. 154.)

54. M. et Mme de Trouville ont formé opposition au mariage de leur petit-fils, prétendant que l'acte respectueux par lequel il demandait leur conseil avait été irrégulièrement notifié, la copie de la notification ayant été signée par les témoins instrumentaires. Cette prétention est-elle fondée? (Civ. 154. — Loi du 21 juin 1843.)

55. Un acte respectueux dressé le 28 mai 1882 sur la réquisition de M. Morin fils, a été notifié à M. Morin père, par acte notarié du 30 du même mois, dans les conditions suivantes :

Le notaire ayant frappé vainement à la porte de M. Morin père, s'est adressé au concierge, qui a répondu que ce dernier était absent de sa demeure et n'avait laissé personne chez lui. Sur cette réponse, le notaire s'est transporté à la Mairie et a notifié au Maire l'acte respectueux. M. Morin père prétend que cette notification est irrégulière en ce que la copie aurait dû, avant la notification au Maire, être offerte au concierge, et, sur le refus du concierge, à un voisin. Cette prétention est-elle fondée? (Pr. 68.)

56. Le père et la mère de Jeanne sont séparés de corps. La séparation a été prononcée au profit de la mère et la garde de Jeanne confiée à la mère.

Jeanne, âgée de 19 ans, veut se marier; son père s'y oppose; sa mère y consent. Le mariage sera-t-il possible? (Civ. 152.)

Même question, en supposant que la garde de Jeanne ait été confiée à sa mère, mais que la séparation de corps ait été prononcée contre les deux époux? (Civ. 152, 148.)

Mêmes questions, en supposant que le père et la mère de Jeanne soient divorcés? (Civ. 152, 148.)

57. Jean, âgé de 24 ans, veut se marier avec Jeanne, âgée de 22 ans. Le père de Jean est décédé. Sa mère consent à son mariage, mais ne pourra y assister. Le père et la mère de Jeanne refusent leur consentement.

Les futurs époux sont indigents.

Quelles particularités présenteront l'acte de consentement à mariage qui sera donné par la mère de Jean et les actes respectueux qui seront notifiés au père et à la mère de Jeanne? Qu'entend-on ici par indigents? Comment l'indigence est-elle constatée? (Lois du 10 décembre 1850 et du 20 juin 1896.)

58. Ernest, âgé de 22 ans, n'a plus aucun ascendant, mais il a un oncle paternel et deux oncles maternels. Ses trois oncles sont opposés à son mariage. Le mariage est-il possible? (Civ. 160.)

59. Paul, enfant légitime, âgé de 20 ans, ayant perdu tous ses ascendants, veut se marier avec Pauline, âgée de 19 ans, fille naturelle, née de père et de mère inconnus. Qui devra consentir à ce mariage? (Civ. 160, 159.)

60. Même question, en supposant que Pauline ait été reconnue par sa mère seule.

Même question, en supposant qu'elle ait été reconnue par son père et sa mère. (Civ. 158.)

61. Adolphe, enfant naturel, reconnu par sa mère, est âgé de 24 ans. Sa mère s'oppose à son mariage. Le mariage est-il possible?

Même question, en supposant qu'Adolphe soit âgé de 27 ans. (Civ. 158.)

62. Mêmes questions, en supposant que la mère naturelle d'Adolphe soit décédée, mais que les père et mère légitimes de sa mère naturelle soient encore vivants. (Civ. 158, 757.)

63. Louis, âgé de 23 ans, veut se marier avec Louise. Son père est décédé. Sa mère lui a donné son consentement par acte notarié; puis, changeant d'avis, elle a fait opposition à son mariage.

Aujourd'hui elle consent de nouveau et voudrait donner mainlevée de cette opposition. Dans quelle forme aura lieu cette mainlevée?

§ 2. — De l'Obligation alimentaire

64. Je me trouve dans le besoin; j'ai mon conjoint, trois enfants, un gendre, une belle-fille, ma mère et mes aïeuls paternels. A qui devrai-je m'adresser pour obtenir une pension alimentaire? (Civ. 212, 205 à 207.)

65. Pierre est veuf, avec un enfant. Son beau-père et sa belle-mère sont dans l'indigence. Est-il tenu de leur servir une pension alimentaire?

Même question, en supposant que l'enfant de Pierre vienne à mourir? (Civ. 206.)

66. Jean est veuf, avec trois enfants. Sa belle-mère qui est veuve se trouve dans le besoin. Est-il tenu de lui servir une pension alimentaire?

Même question en supposant que sa belle-mère se remarie.

Même question en supposant que sa belle-mère devienne veuve une deuxième fois. (Civ. 206.)

Répondre à ces diverses questions, en supposant qu'il s'agisse du beau-père de Jean.

Quid s'il s'agit de son gendre ou de sa belle-fille?

67. La séparation de corps a été prononcée au profit de Jean, contre Jeanne. Jean est-il tenu de fournir à sa femme, qui est sans ressources, une pension alimentaire?

Cette obligation subsistera-t-elle si Jeanne demande et obtient la conversion de la séparation de corps en divorce? (Civ. 301, 212.)

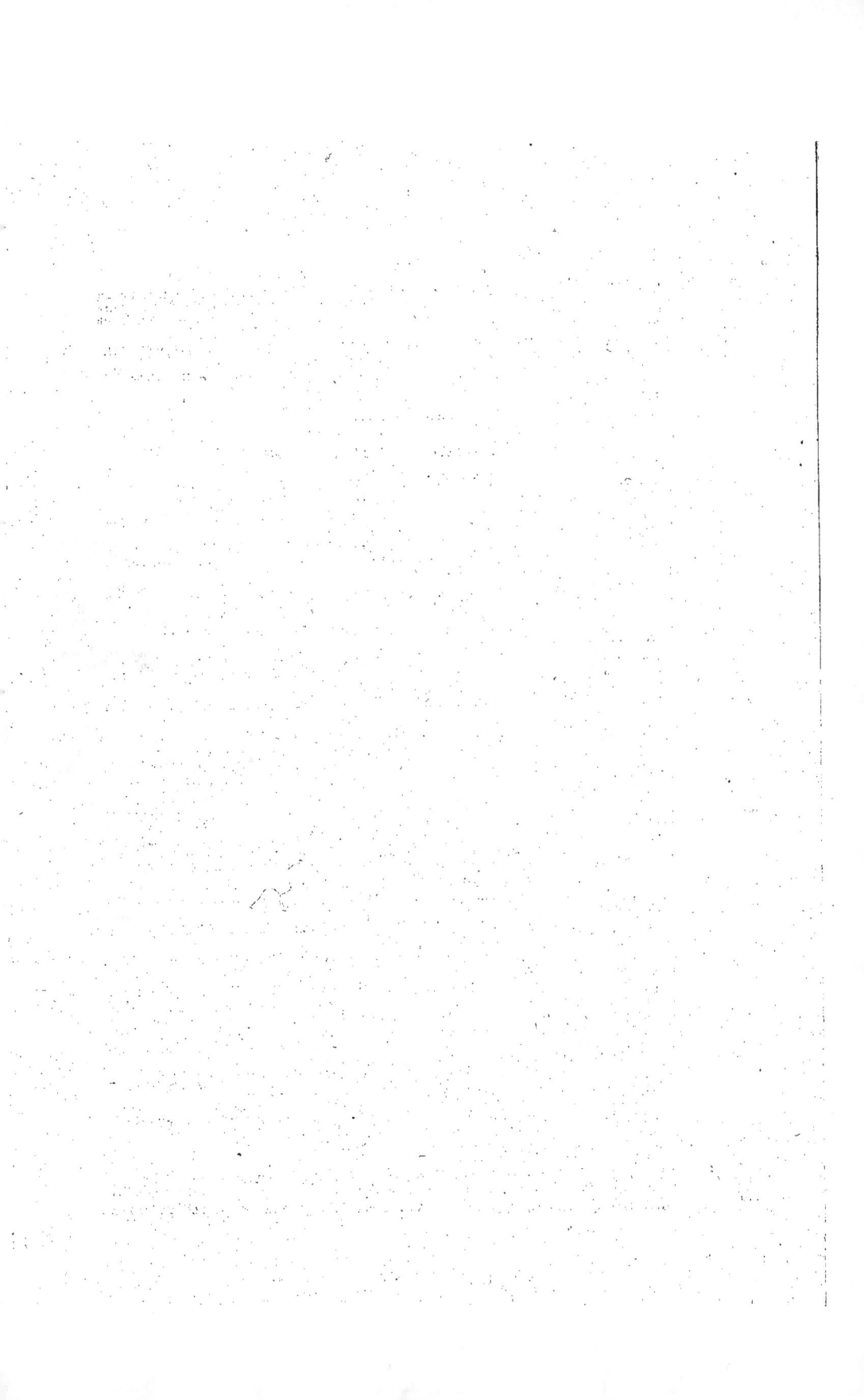

68. Charles s'est marié avec Charlotte, en 1884. Au cours de son mariage, il a reconnu un enfant naturel, né en 1881, ayant pour mère Antoinette. Cette dernière a aussitôt formé contre Charles une demande de pension alimentaire en faveur de cet enfant. Cette demande doit-elle être accueillie? (Civ. 203, 337.)

69. Jacques s'est marié successivement avec Alexandrine et Marie. Il est décédé le 14 janvier 1891, laissant pour héritiers trois enfants, issus de son premier mariage.

Marie, sa veuve, réclame à ceux-ci une pension alimentaire, en se fondant sur l'article 2 de la loi du 9 mars 1891. Cette réclamation doit-elle être admise? (Civ. 205, 2.)

70. Comment doit être acquittée la dette alimentaire? (Civ. 210, 211.)
Comment le montant en est-il déterminé? (Civ. 208, 209.)

§ 3. — De l'Incapacité de la femme mariée

71. En quoi consiste l'incapacité des femmes mariées? Combien distingue-t-on de régimes matrimoniaux? Les femmes dotales ne sont-elles pas frappées d'une double incapacité?

72. Jeanne, mariée sous le régime de la communauté, veut faire donation à son fils, Paul, d'une maison à elle propre. Le peut-elle? (Civ. 217.)

73. Elle voudrait vendre à Jacques une autre maison dépendant de son patrimoine personnel, et grever d'une hypothèque un domaine rural lui appartenant aussi en propre. A quelles conditions pourra-t-elle faire ces actes? (Civ. 217.)

74. Jeanne veut acheter une villa sise à Arcachon et accepter la donation d'un vignoble situé en Médoc. Son père vient de mourir, la laissant seule héritière. Elle voudrait accepter cette succession purement et simplement. Enfin, Ernest offre de lui rembourser 10,000 fr., dont il est débiteur envers elle, et demande une quittance. Indiquer si Jeanne peut faire ces divers actes. (Civ. 217, 776).

75. Ernestine, mariée avec Ernest, se présente seule en votre étude et vous demande de dresser un acte par lequel elle déclare consentir au mariage de son fils, Paul, avec Pauline. Elle n'est point munie de l'autorisation maritale. Ferez-vous cet acte?

76. Elle voudrait reconnaître un enfant naturel qu'elle a eu avant son mariage. Ferez-vous cet acte?

77. Elle voudrait accepter une donation d'immeuble faite à sa fille Lucie, encore mineure. Ferez-vous cet acte, si Ernestine n'est point munie de l'autorisation maritale? (Civ. 935.)

78. Ernestine pourrait-elle, sans autorisation, faire son testament, le révoquer, faire une donation pendant son mariage au profit de son mari, et révoquer ladite donation? (Civ. 226, 217, 1096.)

79. Pourrait-elle, sans autorisation, se faire ouvrir un livret, soit à la Caisse d'Epargne, soit à la Caisse nationale des retraites pour la vieillesse, et retirer plus tard la totalité ou une partie des sommes déposées? (Loi du 9 avril 1881, art. 6 et 21. — Loi du 20 juillet 1886, art. 13, al. 4.)

80. Jeanne est mariée avec Jean sous le régime de la communauté. Dans son patrimoine propre figure une créance sur Pierre de 10,000 fr., productive d'intérêts au taux de 5 °/₀. Sera-t-il nécessaire que Jeanne signe le reçu des intérêts et la quittance du capital? (Civ. 1421, 217.)

81. Jeanne, susnommée, voudrait faire donation à Lucien, son neveu, d'une maison à elle propre, louée 3,000 fr. par an. Qui devrez-vous faire comparaître à l'acte de donation? (Civ. 1421, 217.)

82. Répondre aux deux questions précédentes, en supposant que Jeanne soit mariée sous le régime exclusif de communauté. (Civ. 1530, 1531.)

83. Répondre aux mêmes questions, en supposant que Jeanne soit mariée sous le régime de la séparation de biens. (Civ. 1536, 1538.)

84. Répondre aux mêmes questions, en supposant que Jeanne soit mariée sous le régime dotal et que la créance de 10,000 fr. fasse partie de ses biens paraphernaux (première hypothèse), de ses biens dotaux (deuxième hypothèse). (Civ. 1576, 1549, 1554.)

85. Louise veut vendre une maison à elle propre. Peut-elle consentir cette vente sans autorisation, en supposant qu'elle soit mariée sous le régime de la séparation de biens? (Civ. 1538.)
Quid si elle est judiciairement séparée de corps? (Civ. 311.)

86. Peut-elle consentir cette vente sans autorisation, si elle est mariée sous le régime dotal, et que cette maison fasse partie de ses biens paraphernaux? (Civ. 1576.)
Quid si elle est judiciairement séparée de corps? (Civ. 311.)

87. Peut-elle consentir cette vente si elle est mariée sous le régime dotal, et que cette maison fasse partie de ses biens dotaux? (Civ. 1554.)
Quid si elle est judiciairement séparée de corps? (Civ. 311.)
Quid si elle est divorcée? (Civ. 227.)

88. Louise, mariée sous le régime de la communauté, veut vendre un domaine à elle propre, affermé 3,000 fr. par an. Son mari refuse son autorisation. La vente est-elle possible? (Civ. 219.)

89. Même question, en supposant le mari : 1° condamné à quinze ans de travaux forcés; 2° en

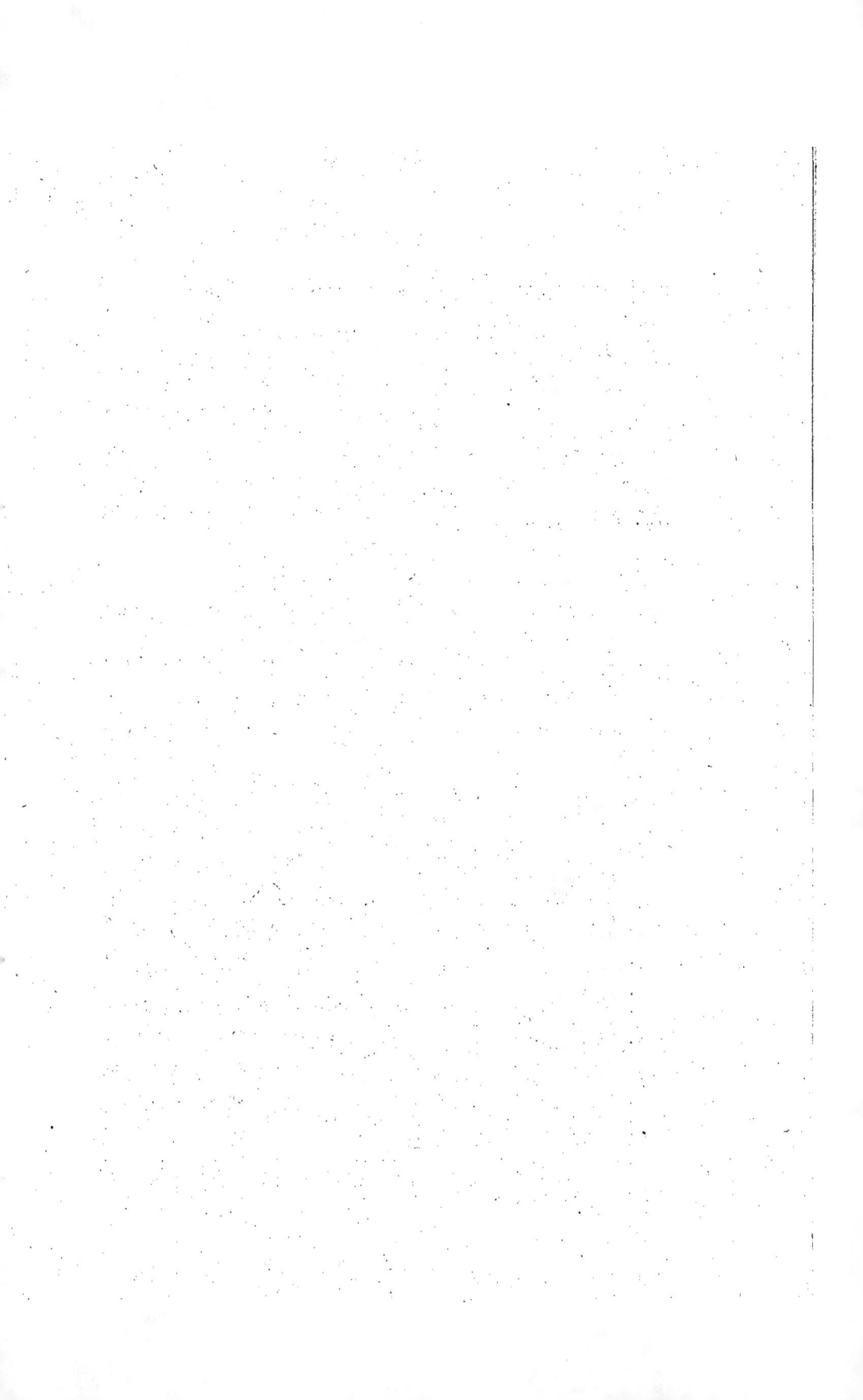

état d'interdiction judiciaire; 3° pourvu d'un conseil judiciaire; 4° aliéné, non interdit; 5° en état de minorité; 6° en état d'absence. (Civ. 221, 222, 224.)

90. Valentine, mariée avec Jacques, voudrait acheter un fonds d'épicerie et faire le commerce. Son mari lui refuse son autorisation. Pourra-t-elle se faire autoriser par la justice? (Co. 4.)

91. Louis, officier de marine, au moment de partir pour un voyage de deux ans, donne par acte notarié l'autorisation à Louise, sa femme, d'administrer les biens à elle propres, de les aliéner et hypothéquer. Celle-ci se présente en votre étude, munie de cet acte, pour vendre une de ses maisons. Ferez-vous ce contrat de vente? (Civ. 1538, 223.)

92. Sur votre refus de recevoir cet acte, Louise vend cet immeuble à Jules, par acte sous seings privés, moyennant un prix de 20,000 fr. payable dans cinq ans. Quelle est la valeur de cette vente? (Civ. 225, 1338, 1304.)

93. Ernestine, mariée avec Ernest, sous le régime de la séparation de biens, et autorisée par son mari à faire le commerce, voudrait emprunter pour les besoins de son commerce une somme de 5,000 fr. et hypothéquer à cet effet un domaine à elle propre. Exigerez-vous que son mari comparaisse à l'acte d'emprunt? (Civ. 220. — Co. 4, 5, 7.)

94. A quel moment cesse l'incapacité de la femme mariée? Quelles sont les causes de dissolution du mariage? (Civ. 227.)

TITRE VI

Du Divorce et de la séparation de corps

95. Le 15 avril 1896, Jeanne, mariée avec Jean, sous le régime de la communauté, a formé contre son mari une demande en divorce et a présenté en personne sa requête au président du Tribunal. Celui-ci a rendu une première ordonnance, enjoignant aux époux de comparaître devant lui.

Après un essai de conciliation infructueux, le président a rendu une deuxième ordonnance permettant à Jeanne de citer son mari devant le Tribunal.

La citation a été signifiée au mari le 10 juin 1896.

Quelles sont les mesures conservatoires qui peuvent être prises au cours de l'instance et qui nécessitent l'intervention d'un notaire? (Civ. 242.)

96. Postérieurement à la première ordonnance, Jean se présente en votre étude pour vendre, sans le concours de sa femme, un immeuble dépendant de la communauté. Ferez-vous cet acte? (Civ. 243.)

97. Le 18 novembre 1896, le Tribunal de première instance de Bordeaux a prononcé le divorce contre Jean au profit de Jeanne. Le mariage se trouve-t-il dissous à cette date? Si non, indiquer à quelle époque précise il le sera. (Civ. 250, 251, 252.)

98. A quelle époque faudra-t-il se placer pour liquider la communauté?

Le 12 septembre 1896, Jeanne a recueilli une succession comprenant 100,000 fr. de valeurs mobilières. Dans quel patrimoine ces 100,000 fr. sont-ils entrés? Dans le patrimoine de Jeanne ou dans celui de la communauté? (Civ. 252.)

99. Le 25 novembre 1896, Jeanne a vendu, sans autorisation, une maison à elle propre. Auriez-vous fait cette vente? Est-elle valable?

100. Le divorce accompli, Jeanne pourra-t-elle continuer à porter le nom de son mari? (Civ. 299.)

Pourra-t-elle se remarier immédiatement avec un tiers? (Civ. 296.)

Pourrait-elle se remarier de nouveau avec Jean? Si oui, à quelles conditions? (Civ. 295.)

101. Jeanne peut-elle désormais accomplir tous les actes juridiques sans autorisation? Si elle avait été soumise au régime dotal, pourrait-elle aliéner ses immeubles dotaux?

102. Jeanne pourrait-elle se marier avec le père ou avec le frère de Jean?

103. Qui exercera la puissance paternelle sur les enfants issus du mariage de Jean et de Jeanne? (Civ. 302, 303.)

104. Pierre, fils de Jean et de Jeanne, est âgé de 8 ans. Il est propriétaire d'une maison louée 4.000 fr. par an. A qui appartiendront ces loyers? (Civ. 386.)

105. L'obligation alimentaire continue-t-elle à subsister entre Jean et Jeanne, entre eux et leurs enfants, entre chacun d'eux et les beau-père et belle-mère?

106. Jean et Jeanne conservent-ils des droits de successibilité réciproques? (Civ. 767.)

107. Jean et Jeanne s'étaient fait, par contrat de mariage, donation réciproque, le prémourant au survivant, de la moitié des biens qui composeraient la succession du prémourant. Cette donation sera-t-elle maintenue? (Civ. 299, 300.)

108. Les époux ne s'étaient fait aucun avantage. Jeanne est sans fortune. Jean a 200,000 fr. de capitaux et 6,000 fr. de revenus. Jeanne peut-elle obtenir une pension alimentaire?

Si Jeanne était riche, une pension alimentaire pourrait-elle être accordée à Jean, en supposant qu'il fût dans le besoin? (Civ. 301.)

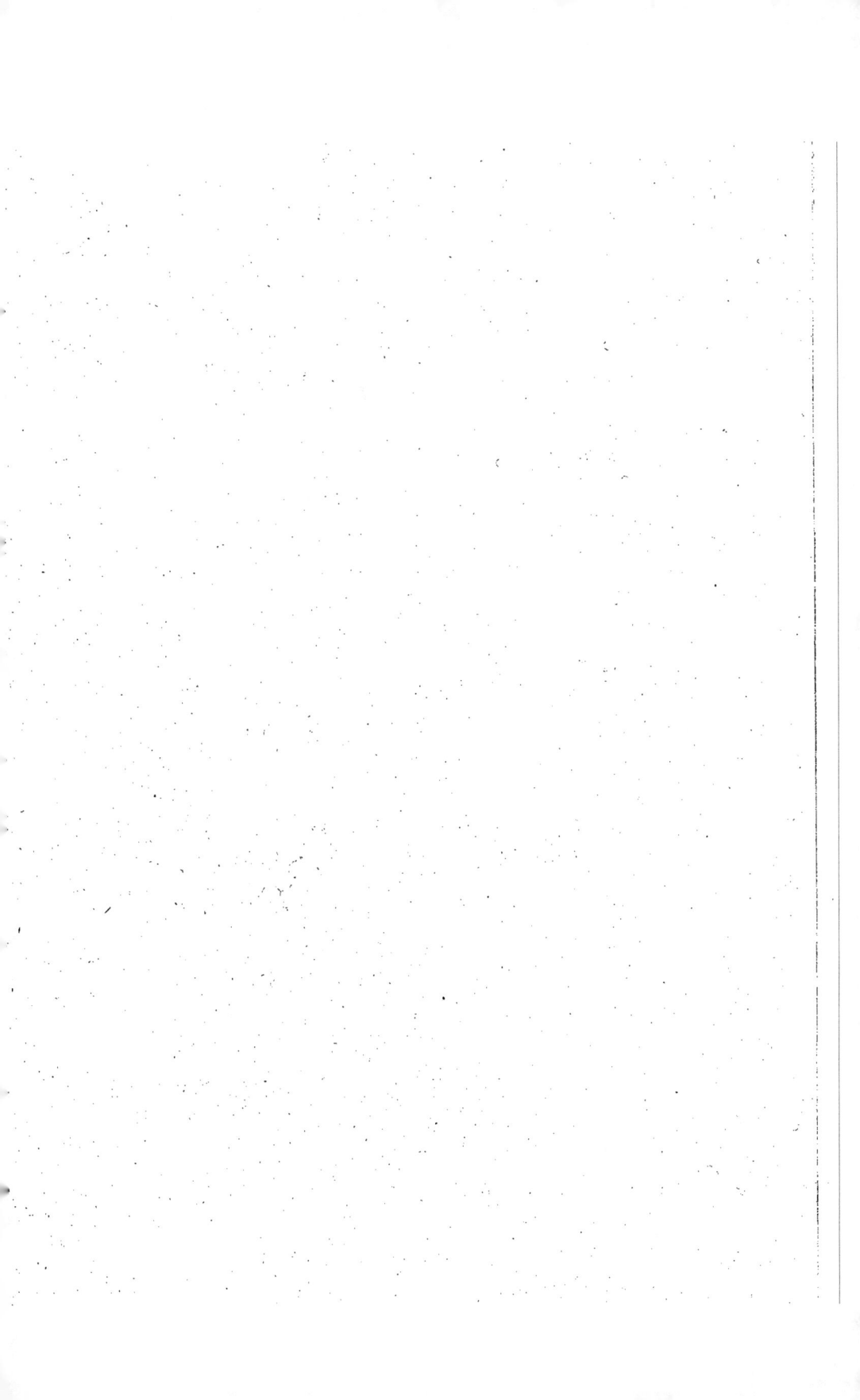

109. Répondre aux quatorze questions précédentes, en supposant qu'il s'agit d'une séparation de corps et non d'un divorce.

110. Préciser les trois situations juridiques différentes dans lesquelles peut se trouver une femme séparée de corps qui se réconcilie avec son mari. (Civ. 311, 1439, 1451.)

111. Jean et Jeanne sont séparés de corps. Cette séparation de corps peut-elle être convertie en divorce? Si oui, à quelles conditions? (Civ. 310.)

TITRE VII

De la Paternité et de la filiation

112. Combien distingue-t-on d'espèces de filiation?

§ 1. — *De la Filiation légitime*

113. Comment se prouve la filiation légitime?

114. Louis est mort le 1er janvier 1896. Louise, sa veuve, a mis au monde un enfant le 15 novembre suivant. Cet enfant est-il légitime? (Civ. 312, al. 2, 315.)

115. Ernest et Ernestine se sont mariés le 15 mai 1896. Le 14 juin suivant, Ernestine met au monde un enfant. Cet enfant est-il légitime? (Civ. 312, al. 2, 314.)

116. Que décider si Ernest, au moment de son mariage avec Ernestine, était veuf de Julie depuis le 1er février 1896? (Poitiers, 19 juillet 1875 : D. 76, 2, 28; S. 76, 2, 161.)

117. Même question, en supposant qu'Ernest soit l'oncle d'Ernestine et qu'il ait épousé sa nièce après avoir obtenu une dispense du chef de l'Etat.

§ 2. — *De la Filiation illégitime*

118. Sous quels rapports la situation juridique des enfants naturels est-elle plus favorable que celle des enfants adultérins ou incestueux? (Civ. 335, 331, 756 et s., 762.)

119. Jacques a été déclaré, dans son acte de naissance, fils de père et mère inconnus. En réalité, il est fils de Paul Durand et de Julie Brun, non mariés. Sa mère veut le reconnaître. Comment se fera cette reconnaissance? (Civ. 334, 62. — Loi du 25 ventôse an XI, art. 1er. — Loi du 24 juin 1843, art. 2.)

120. Auguste a déclaré, par acte notarié, consentir au mariage de Lucien, son enfant naturel qu'il n'avait pas reconnu. Cet acte de consentement à mariage emporte-t-il reconnaissance? Indiquer les effets de cette reconnaissance. (Civ. 334, 383, 158, 346, 756 à 761, 765, 908.)

121. C'est sur la déclaration de Paul Durand que l'acte de naissance de Jacques a été rédigé. Il est dit dans cet acte de naissance que Jacques est fils de Julie Brun et de père inconnu. Quelle est la situation juridique de Jacques vis-à-vis de ses père et mère?

122. Jacques est décédé sans postérité. Son père et sa mère pourront-ils le reconnaître après son décès? (Civ. 334, 765.)

123. Louise a été déclarée, dans son acte de naissance, fille de père et mère inconnus. En réalité, elle a pour père Jean, marié, et pour mère Eugénie, célibataire.

Au point de vue légal, Louise est-elle une fille naturelle ou une fille adultérine?

Jean pourra-t-il la reconnaître? (Civ. 335.)

Eugénie pourra-t-elle la reconnaître?

Quelle serait la valeur d'une reconnaissance émanée d'Eugénie qui contiendrait l'indication de Jean comme père de Louise?

124. Adolphe a déclaré la naissance de Lucien. Dans l'acte de naissance, il est dit que Lucien est fils du déclarant et d'une mère inconnue. En réalité, il a pour mère Lucie, nièce d'Adolphe.

Quelle est la situation juridique de Lucien? Est-il, au point de vue légal, enfant naturel ou enfant incestueux! Lucie pourra-t-elle le reconnaître? (Civ. 335.)

125. Un enfant a été inscrit, le 16 juillet 1854, aux actes de l'état civil, sur la déclaration du sieur Prosper, comme né du déclarant et d'Elisabeth, non mariés. Mais il est établi qu'à cette époque Elisabeth était mariée avec Adolphe. Quel est l'état de cet enfant? Est-ce un enfant naturel reconnu? Est-un enfant adultérin? (Civ. 334, 335.)

126. Un mari désavoue l'enfant de sa femme. Quelle est la situation juridique de cet enfant? (Civ. 312.)

127. Un beau-frère épouse sa belle-sœur sans obtenir de dispense du chef de l'État. Des enfants naissent de ce mariage qui est plus tard annulé. Quelle est leur situation juridique?

128. Qu'entend-on par reconnaissance judiciaire ou forcée? Dans quels cas est-elle admise? Quels en sont les effets? (Civ. 340 à 342.)

129. Adrien a été déclaré, dans son acte de naissance, fils de père et mère inconnus. En réalité, il a pour père Jules, et pour mère Julie, non mariés. A quelles conditions Adrien pourra-t-il être légitimé? (Civ. 331.)

Indiquer les effets de la légitimation. (Civ. 333.)

130. Au moment de la naissance d'Adrien, Jules était marié avec Louise. Il est veuf aujourd'hui. La légitimation sera-t-elle possible? (Civ. 331.)

131. Même question en supposant que Jules soit le beau-frère de Julie (Civ. 331. — Arrêt de ja Cour de cassation du 27 janvier 1874 : D. 74, 1, 216 ; S. 74, 1, 108.)

132. Paul a été déclaré, dans son acte de naissance, fils de père et de mère inconnus. En réalité, il a pour père Gabriel Dupuy et pour mère Jeanne Dubois, non mariés.

Paul se marie à l'âge de 22 ans avec Pauline. De ce mariage naissent deux enfants : Louis et Marguerite.

Paul meurt avant d'avoir été reconnu par son père et sa mère.

Pourra-t-il être légitimé après son décès? Si oui, à quelles conditions, et quels seront les effets de cette légitimation posthume? (Civ. 332.)

TITRE VIII

De l'Adoption et de la tutelle officieuse

133. Définir l'adoption et la tutelle officieuse. Combien distingue-t-on d'espèces d'adoption?

Jean, âgé de 45 ans, marié avec Jeanne, sans enfant, veut adopter Pierre, âgé de 18 ans, fils légitime de Pauline, aujourd'hui veuve. Le peut-il?

Énumérer les conditions requises pour l'adoption. (Civ. 343 à 346.)

134. Jacques Durand veut adopter Pierre Garnier. Dans quelle forme l'adoption aura-t-elle lieu? (Civ. 353 à 360.)

135. L'adoption a eu lieu. Indiquer ses effets. (Civ. 347 à 352.)

136. L'adoption aurait-elle été possible si Pierre Garnier eût été le fils naturel reconnu de Jacques Durand?

137. Jules et Julie ont reconnu, avant leur mariage, un fils naturel, Lucien, et pendant leur mariage, deux filles naturelles, Thérèse et Marie. Il ont adopté, plus tard, cette dernière. De leur union est né un fils, Frédéric.

Faire connaître les différences qui existent entre Lucien, Thérèse, Marie et Frédéric, au point de vue de leur situation juridique.

TITRE IX

De la Puissance paternelle

138. Définir la puissance paternelle. Énumérer ses attributs.

Énumérer les droits qui peuvent être considérés comme un prolongement de la puissance paternelle. (Civ. 374, 375, 384, 389, 397, 477, 448 et s.; 346, 203 et s.; 935, 390, 402 et s.)

§ 1. — *Du Droit de jouissance légale*

139. Définir la jouissance légale. (Civ. 384.)

140. Maurice, âgé de 14 ans, a son père et sa mère. Il est propriétaire, par suite d'un legs fait en sa faveur, d'une maison sise à Bordeaux, louée 10,000 fr. par an. A qui appartiennent les loyers?

Ne pourraient-ils pas appartenir à la mère, même du vivant du père? (Civ. 373, 384.)

141. Le père et la mère de Maurice viennent à mourir. Maurice a son aïeul paternel et ses deux aïeuls maternels. A qui appartiendront les loyers? (Civ. 384.)

142. Jean, commis-négociant, âgé de 17 ans, a perdu son père. Il est placé sous la tutelle dative de son oncle paternel. Sa mère est vivante.

Son patrimoine comprend : une maison louée 3,000 fr. par an, recueillie par lui dans la succession paternelle; un domaine affermé 1,200 fr. par an, à lui légué sous la condition expresse que ses père et mère n'en auraient point la jouissance légale, et un titre de 100 fr. de rente 3 % sur l'État français, acheté avec des économies réalisées sur ses appointements de commis-négociant.

Indiquer à qui appartient la jouissance légale et sur quels biens elle porte. (Civ. 384, 387.)

143. Ernest, âgé de 7 ans, a son père et sa mère. Un de ses oncles meurt après l'avoir institué légataire universel.

Cet oncle a laissé un titre de 10,000 fr. de rente 3 % sur l'État français.

Il devait une somme de 4,000 fr., productive d'intérêts à 5 %. Les frais de dernière maladie se sont élevés à 500 fr., et les frais funéraires à 400 fr.

2..

Il est dépensé chaque année pour la nourriture, l'entretien et l'éducation d'Ernest, 3,000 fr. Indiquer à qui appartient la jouissance légale et déterminer les charges de la jouissance. (Civ. 385, 601.)

144. A quel moment cette jouissance légale prendra-t-elle fin? (Civ. 386, 384, 618, 1442. — Loi du 24 juillet 1889, art. 1.)

145. Maurice a la jouissance légale d'une maison louée annuellement 5,000 fr., appartenant à son fils, âgé de 3 ans.

Il veut céder cette jouissance à Jules moyennant un prix à forfait de 30,000 fr. Le peut-il? (Civ. 384.)

146. Répondre à la question 140 en supposant que Maurice soit un enfant naturel légalement reconnu par ses père et mère (Civ. 383, 384.)

§ 2. — *Déchéance de la puissance paternelle*

147. Jacques, âgé de 8 ans, est fils légitime de Paul et de Pauline. Paul, par jugement du Tribunal civil de Bordeaux, a été déchu de la puissance paternelle à raison de son inconduite notoire et des mauvais traitements qu'il faisait subir à son enfant. Qui exercera désormais la puissance paternelle? (Loi du 24 juillet 1889, art. 2, 9, 10, 11.)

148. Énumérer les différences qui existent entre la tutelle ordinaire et la tutelle spéciale organisée par la loi du 24 juillet 1889. (Art. 10 et s. de cette loi.)

TITRE X

De la Minorité, de la tutelle et de l'émancipation

149. Jean, enfant légitime, est né le 15 avril 1880. Louise, enfant illégitime, est née le 12 juillet 1884. Déterminer la date précise de leur majorité. (Civ. 388.)

PREMIÈRE PARTIE. — *Des Mineurs enfants légitimes*

CHAPITRE PREMIER

Des Enfants légitimes mineurs non émancipés

150. En combien de catégories divise-t-on les enfants mineurs non émancipés?

I. — Tutelle

151. Définir la tutelle. A quel moment s'ouvre la tutelle? Indiquer les trois rouages principaux que l'on trouve dans le mécanisme de la tutelle. Combien distingue-t-on d'espèces de tutelle?

SECTION I. — DE LA TUTELLE DES PÈRE ET MÈRE

152. Louis est marié avec Louise. De son mariage est né un fils, Adolphe, actuellement âgé de 12 ans. Louis se présente en votre étude et déclare vouloir nommer un conseil de tutelle à Louise pour le cas où celle-ci deviendrait tutrice d'Adolphe. Dans quelle forme recevrez-vous cette déclaration? Louis pourrait-il révoquer plus tard cette nomination? Si oui, dans quelle forme? (Civ. 391, 392.)

153. Louis ne peut-il pas énumérer limitativement les actes pour lesquels l'assistance de ce conseil sera nécessaire? Qu'adviendra-t-il s'il s'est borné à nommer un conseil de tutelle sans faire cette énumération? (Civ. 391.)

154. Louise pourrait-elle, de son côté, nommer un conseil de tutelle à son mari pour le cas où celui-ci deviendrait tuteur d'Adolphe? (Civ. 391.)

155. Louis, susnommé, est mort après avoir nommé son ami Ernest conseil de tutelle de Louise. Adolphe est créancier d'une somme capitale de 10,000 fr., productive d'intérêts au taux de 4 %. Qui devra signer, lors du paiement, le reçu des intérêts et la quittance du capital?

156. Louise, susnommée, voudrait donner à bail moyennant un loyer annuel de 12,000 fr., une maison appartenant à Adolphe. Ernest refuse de concourir au contrat de bail. Louise pourra-t-elle vaincre cette résistance?

157. Adrien meurt sans enfant, mais laissant sa femme enceinte. Le conseil de famille n'a-t-il pas une mission à remplir? Quelle est-elle? Ne peut-il pas choisir pour veiller aux intérêts de l'enfant à naître le frère de la mère? (Civ. 393, 423.)

Même question en supposant qu'il existe d'autres enfants du mariage, déjà nés lors du décès du mari.

158. Paul et Pauline ont un enfant âgé de 10 ans. Pauline meurt. Paul peut-il refuser la tutelle?

Si Paul fût décédé le premier, Pauline n'eût-elle pas eu le droit de refuser la tutelle sans même indiquer les motifs de son refus? (Civ. 394.)

159. Jeanne meurt, laissant son mari, Jean, et un fils, Étienne, âgé de 6 ans. Jean se remarie quatre ans plus tard avec Augustine. A-t-il besoin, pour conserver ses fonctions de tuteur, de remplir quelque formalité? Augustine doit-elle ou peut-elle être nommée cotutrice?

160. Louis meurt, laissant sa veuve, Louise, et une fille, Thérèse, âgée de 3 ans. Louise se remarie cinq ans plus tard avec Raymond. A-t-elle besoin, pour conserver ses fonctions de tutrice, de remplir quelque formalité?

Qu'adviendra-t-il si elle a omis de convoquer le conseil de famille avant son mariage?

Le conseil de famille ne pourrait-il pas la rétablir dans ses fonctions de tutrice? (Civ. 395, 396.)

SECTION II. — De la tutelle déférée par le père ou la mère

161. Henriette, veuve avec un fils, Étienne, âgé de 5 ans, se présente en votre étude et déclare vouloir choisir un tuteur à son enfant pour le cas où elle viendrait à mourir avant la majorité de ce dernier. Le pourra-t-elle? Si oui, dans quelle forme recevrez-vous cette déclaration? Pourra-t-elle révoquer ultérieurement cette nomination et dans quelle forme? (Civ. 397, 398, 400, 392, 399.)

Quel nom porte le tuteur ainsi nommé?

Qu'adviendra-t-il si après avoir nommé ce tuteur, Henriette se démet de ses fonctions de tutrice?

162. Jean, dont il vient d'être parlé sous le numéro 159, a nommé un tuteur testamentaire. A quelles conditions ce tuteur pourra-t-il entrer en fonctions?

163. Louise, dont il vient d'être parlé sous le numéro 160, a nommé, avant son deuxième mariage, un tuteur testamentaire. A quelles conditions ce tuteur pourra-t-il entrer en fonctions? (Civ. 399, 400.)

164. Louise, susnommée, a été maintenue dans ses fonctions de tutrice. Elle voudrait, pendant son deuxième mariage, nommer un tuteur testamentaire à sa fille du premier lit, Thérèse. Dans quelle forme se fera cette nomination? Le concours de son deuxième mari sera-t-il nécessaire?

165. Louise a omis de consulter le conseil de famille avant la célébration de son deuxième mariage; mais elle l'a convoqué après, et a été rétablie par lui dans ses fonctions de tutrice. Pourra-t-elle choisir un tuteur testamentaire à sa fille Thérèse?

166. Louise, ayant convoqué le conseil de famille avant la célébration de son deuxième mariage, n'a pas été maintenue dans ses fonctions de tutrice. Pourra-t-elle choisir un tuteur testamentaire à sa fille Thérèse? (Civ. 399.)

De son deuxième mariage, naît un fils, Ernest. Son deuxième mari meurt, laissant Ernest âgé de 2 ans. Louise sera-t-elle tutrice légale d'Ernest? Pourra-t-elle choisir un tuteur testamentaire à Ernest? (Civ. 390, 397.)

SECTION III. — De la tutelle des ascendants

167. Pierre est âgé de 15 ans. Il a ses deux aïeuls paternels et ses deux aïeuls maternels. Sa mère, qui était veuve et qui a exercé la tutelle durant toute sa vie, vient de mourir. Quel est le tuteur de Pierre?

Même question, en supposant que la mère de Pierre ait choisi un tuteur testamentaire, Paul, et que celui-ci soit décédé avant elle.

Même question, en supposant que la mère de Pierre ait renoncé à la tutelle quelque temps avant de mourir. (Civ. 402, 394, 405.)

168. Louise est âgée de 12 ans. Elle a son aïeule paternelle et ses deux aïeuls maternels. Son père, qui était veuf, vient de mourir sans avoir choisi de tuteur testamentaire. Il a conservé ses fonctions de tuteur jusqu'à son décès. A qui la tutelle est-elle dévolue? (Civ. 402.)

Même question, en supposant que Louise ait son aïeule maternelle et ses deux bisaïeuls paternels mâles, c'est-à-dire l'aïeul paternel et l'aïeul maternel de son père. (Civ. 403.)

Même question, en supposant que Louise ait son aïeule paternelle et ses deux bisaïeuls maternels mâles, c'est-à-dire l'aïeul paternel et l'aïeul maternel de sa mère. (Civ. 404.)

SECTION IV. — De la tutelle déférée par le conseil de famille

169. Maurice est âgé de 14 ans. Il a son aïeule maternelle. Tous ses autres ascendants sont prédécédés. Son père, qui était son tuteur, vient de mourir. A qui la tutelle sera-t-elle dévolue? Le conseil de famille ne pourrait-il pas choisir pour tutrice l'aïeule maternelle de Maurice? Si oui, celle-ci sera-t-elle tenue d'accepter la tutelle? (Civ. 405, 442-3°, 394.)

12

170. Le père de Maurice était domicilié à Bordeaux au moment de la mort de sa femme, à Lyon au moment de son propre décès. Où se réunira le conseil de famille? (Civ. 407.)

171. Maurice a un oncle paternel, un cousin et une cousine paternels domiciliés à Bordeaux, un autre oncle paternel domicilié à Lyon, un oncle maternel et une tante maternelle domiciliés à Pessac.

Déterminer la composition de son conseil de famille. Où et comment se fera la convocation de ce conseil de famille? (Civ. 407 à 416.)

172. Maurice a son aïeule maternelle, quatre frères majeurs, deux sœurs mariées avec des majeurs, et une troisième sœur mariée avec Jules, âgé de 20 ans, tous domiciliés à Bordeaux.

Déterminer la composition du conseil de famille de Maurice. (Civ. 408.)

173. Quelles sont les attributions du conseil de famille? (Civ. 160, 175, 361, 468, 478, 485, 405, 420, 446, 447, 454, 457, 467.)

174. Maxime âgé de 13 ans, a son père et sa mère. Son père, qui est domicilié en France, vient de mourir. Maxime possède des biens situés en France et des biens situés en Algérie. Qui va les gérer? (Civ. 417.)

Même question en supposant que le père de Maxime fût domicilié en Algérie?

175. Jules, âgé de 8 ans, possède des biens situés en France et d'autres biens situés en Corse. Sa mère meurt. Son père est vivant. Qui gérera les biens?

Même question, en supposant que Jules possède des biens en France et d'autres biens situés en Angleterre. (Civ. 417, 454.)

176. — A quel moment commence, à quel moment finit, pour le tuteur ou le protuteur, l'obligation de gérer? (Civ. 418 et 419.)

SECTION V. — Du subrogé tuteur

177. Ernest est âgé de 15 ans. Il a son père et sa mère. Sa mère meurt. Qui sera son tuteur? Comment sera nommé son subrogé tuteur? L'oncle paternel d'Ernest pourrait-il être choisi pour subrogé-tuteur? (Civ. 420 à 426.)

178. Louise est âgée de 10 ans. Son père meurt, sa mère refuse la tutelle. Elle a deux frères germains majeurs : Pierre et Paul. Pierre peut-il être nommé tuteur et Paul subrogé tuteur? (Civ. 423.)

Pourrait-on choisir Pierre pour tuteur et un oncle maternel de Louise pour subrogé tuteur? (Civ. 423.)

179. En quoi consistent les fonctions de subrogé tuteur? (Civ. 420, 450, 2143, 470, 451, 452, 446, 424. — Loi du 27 février 1880, art. 7.)

SECTION VI. — Des causes qui dispensent de la tutelle

180. Qu'entend-on lorsqu'on dit que la tutelle est une charge obligatoire? N'y a-t-il pas des exceptions à cette règle? (Loi du 24 juillet 1889, art. 10. — Civ. 394.)

Indiquer sommairement les causes d'excuse de la tutelle. (Civ. 427 et s.)

SECTION VII. — De l'incapacité, des exclusions et destitutions de la tutelle

181. Jeanne est âgée de 6 mois. Sa mère vient de mourir. Son père, Ludovic, est âgé de 20 ans et 8 mois. A qui est déférée la tutelle?

Ludovic pourrait-il être nommé tuteur de sa nièce Lucie? (Civ. 442.)

182. Pierre, âgé de 14 ans, a perdu son père. Sa mère refuse la tutelle. Pierre a son aïeule maternelle, Julie, et une tante paternelle, Thérèse. Le conseil de famille peut-il choisir pour tutrice Julie ou Thérèse? (Civ. 442.)

183. Jean a perdu sa mère. Son père est frappé d'interdiction judiciaire. Sera-t-il tuteur? (Civ. 442.)

Quid s'il était frappé d'interdiction légale? (Civ. 443.)

184. Indiquer les causes d'exclusion et de destitution de la tutelle. (Civ. 443 à 449. — Loi du 24 juillet 1889, art. 8.)

SECTION VIII. — De l'administration du tuteur

185. André a été nommé tuteur de son neveu Jacques, âgé de 13 ans, par délibération du conseil de famille en date du 15 janvier 1897. Enumérer les obligations qui lui incombent à son entrée en fonctions. (Civ. 421, 422, 451 à 456. — Loi du 27 février 1880, art. 5 et 6.)

Si André était le père de Jacques, serait-il tenu aux mêmes obligations? (Civ. 453 à 456.)

Quid si Jacques était âgé de 19 ans?

13

186. Louis aura 18 ans révolus le 16 février 1897 et doit se marier avec Lucie le 17 du même mois. Il se présente en votre étude le 25 janvier 1897 pour passer son contrat de mariage. Ferez-vous cet acte? (Civ. 1398, 144.)

187. Jacques, âgé de 19 ans, se présente en votre étude pour faire son testament. Ferez-vous cet acte? Si oui, qui devra y figurer? (Civ. 904.)

188. Ernest, âgé de 15 ans et 8 mois, est placé sous la tutelle de son père. Il veut se faire ouvrir un livret à la Caisse d'épargne et y déposer 500 fr. Le peut-il? Pourra-t-il retirer lui-même la totalité ou une partie des fonds déposés? (Loi du 9 avril 1881, art. 6 et 21.)

189. Jeanne, âgée de 16 ans, est en tutelle. Elle voudrait faire donation à Jules d'une maison à elle propre. Cette donation est-elle possible? (Civ. 904, 1095, 1318, 148 à 150, 160, 158, 159.)

190. Pierre, tuteur de Jacques, son fils, veut se rendre acquéreur d'une maison appartenant à ce dernier. Le peut-il? (Civ. 450, 1596.)

191. Paul, tuteur de Jean, voudrait devenir locataire, moyennant 1.200 fr. par an, d'une maison appartenant à son pupille. Le peut-il? Si oui, qui ferez-vous comparaître au contrat de bail? (Civ. 450.)

192. Lucien meurt, laissant pour héritiers ses deux neveux : Pierre, majeur, et Paul, mineur en tutelle. Quels sont les partis entre lesquels les héritiers peuvent opter? (Civ. 461, 774 à 776.) Comment sera-t-il procédé au partage de la succession? (Civ. 465, 466.)

193. Lucien veut faire donation à Jacques, son neveu, placé sous la tutelle dative d'Adolphe, d'un domaine sis à Lormont. L'aïeul paternel de Jacques et son aïeule maternelle sont vivants. Qui ferez-vous comparaître au contrat de donation? (Civ. 463, 935.)

194. Ernest, mineur, placé sous la tutelle de Fernand, est créancier hypothécaire d'une somme de 1,200 fr. exigible dans quatre ans. Fernand voudrait faire la cession de cette créance moyennant pareille somme de 1,200 fr. Il vous demande quelles sont les formalités à remplir. (Loi du 27 février 1880, art. 1.)

Même question, en supposant qu'il s'agisse d'une créance de 2,000 fr. (Loi du 27 février 1880, art. 2.)

195. Paul, tuteur de Louise, voudrait emprunter à Ernest, pour le compte de sa pupille, une somme de 5,000 fr. et constituer une hypothèque sur une maison appartenant à celle-ci. Ferez-vous cet acte? (Civ. 457, 458 et 2124.)

196. Jacques, père et tuteur légal de Pauline, se présente en votre étude pour vendre à Adolphe, moyennant 20,000 fr. payables comptant, une maison appartenant à sa fille. Ferez-vous cet acte? (Civ. 457 à 459. — Pr. 953 à 965.)

Même question, en supposant qu'au lieu de vendre cette maison, Jacques veuille l'échanger contre un domaine rural appartenant à Adolphe.

197. Jacques, susnommé, voudrait grever d'une servitude, moyennant 3,000 fr., un domaine appartenant à Pauline, au profit d'un domaine appartenant à Ernest. Ferez-vous cet acte? (Civ. 457, 458.)

198. Lucien, tuteur de Paul, voudrait vendre des meubles meublants appartenant à son pupille. Dans quelle forme cette vente sera-t-elle faite? Qui aura compétence pour y procéder? (Civ. 452.)

Même question, en supposant que Lucien veuille vendre des récoltes produites par les biens du mineur.

199. Une contestation s'est élevée, au sujet des limites d'un domaine de Paul, entre Jules, un voisin, et Lucien, tuteur de Paul. Lucien et Jules seraient disposés à transiger. A quelles conditions cette transaction sera-t-elle possible? (Civ. 2044, 467.)

SECTION IX. — DES COMPTES DE LA TUTELLE

200. Louis est tuteur de Jacques. Le conseil de famille peut-il l'obliger à présenter ses comptes pendant le cours de la gestion tutélaire? (Civ. 470.)

201. Maurice, étant devenu majeur, se présente à votre étude le 20 janvier 1897, avec son ancien tuteur, Jean, pour lui donner décharge du compte de tutelle que celui-ci lui a remis le 16 du même mois. Ferez-vous cet acte? (Civ. 469, 472, 1352, 1125.)

202. A qui doit être remis le compte de tutelle : 1° lorsque le mineur est émancipé ; 2° lorsqu'il est décédé ; 3° lorsque le tuteur est excusé de la tutelle?

203. Par qui doit être remis le compte de tutelle : 1° lorsque le tuteur est décédé ; 2° lorsqu'il est frappé d'interdiction judiciaire ou d'interdiction légale ; 3° lorsqu'il est en état d'absence?

204. Si le tuteur vient à être pourvu d'un conseil judiciaire, est-il obligé de rendre son compte de tutelle?

205. Jacques a été émancipé à l'âge de 15 ans par sa mère qui, veuve depuis plusieurs années, remplissait les fonctions de tutrice. Jacques est aujourd'hui âgé de 30 ans. Sa mère ne lui a pas encore rendu son compte de tutelle. Peut-il le lui réclamer? (Civ. 475.)

14

II. — Administration légale

206. Jules est âgé de 12 ans. Il a son père et sa mère. Est-il en tutelle ? (Civ. 389.)

Même question, en supposant que son père soit en état d'absence déclarée.

Même question, en supposant que son père soit déchu de la puissance paternelle pour inconduite notoire. (Loi du 24 juillet 1889, art. 10 et 11.)

207. Indiquer les différences entre l'administration légale et la tutelle. (Civ. 420, 2121.)

208. Le père de Jules, susnommé, est en état de présomption d'absence, ou bien il est frappé d'interdiction judiciaire, ou d'interdiction légale, ou enfin il est fou, sans être interdit, Jules est-il en tutelle ? Qui gérera son patrimoine ?

209. Mêmes questions, en supposant que le père de Jules soit pourvu d'un conseil judiciaire.

210. Qu'adviendra-t-il si le père de Jules est en état de présomption d'absence et que sa mère vienne à être frappée d'interdiction judiciaire ? Jules sera-t-il en tutelle ?

211. Étienne est mort après avoir institué pour légataires universels Jules, susnommé, et Adrien, père de Jules. Le père et la mère de Jules sont vivants et pleinement capables. Comment pourra-t-il être procédé à l'inventaire et au partage de la succession d'Étienne ?

212 Adolphe a son père et sa mère. Il est âgé de 19 ans. Il se présente en votre étude pour faire son testament. Recevrez-vous cet acte ? (Civ. 904.)

Il se présente en votre étude pour passer son contrat de mariage. Ferez-vous cet acte ? (Civ. 1095, 1309, 1398.)

213. Il voudrait se faire ouvrir un livret à la Caisse d'épargne, et quelque temps après retirer les fonds déposés. Le peut-il ?

Son père, administrateur légal, a-t-il les mêmes droits ? (Loi du 9 avril 1881, art. 6 et 21.)

214. Adolphe voudrait faire donation d'un titre nominatif de 1,000 fr. de rente 3 % sur l'État à sa sœur Julie. Le peut-il ?

215. Ernest, père d'Adolphe susnommé, veut accepter purement et simplement une succession échue à son fils. Le peut-il ? (Civ. 461.)

216. Il veut céder une créance de 1.200 fr. appartenant à son fils. Le peut-il ?

Quid s'il s'agissait d'une créance de 4.000 fr. ? (Loi du 27 février 1880, art. 1 et 2.)

217. Il veut emprunter 5,000 fr. au nom et dans l'intérêt de son fils et grever d'une hypothèque un domaine appartenant à celui-ci. Le peut-il ?

Il veut vendre une maison appartenant à son fils et les meubles la garnissant. Indiquer les formalités à remplir. (Civ. 389, 457 à 459, 2144. — Pr. 953 et s.)

218. Adrien, âgé de 20 ans, vient de se marier avec le consentement de ses père et mère. Un de ses oncles lui avait fait donation, il y a dix ans, d'une maison louée 3,000 fr. par an. Il se présente en votre étude le 20 janvier 1897, avec son père, pour lui donner décharge du compte d'administration légale que celui-ci lui a remis le 16 du même mois. Ferez-vous cet acte ? (Civ. 472, 389.)

219. Énumérer les causes qui mettent fin à l'administration légale.

220. Un donateur ou un testateur peut-il, par une clause de la donation ou du testament, retirer au père l'administration légale du bien qu'il donne ou lègue à l'enfant, tout en lui laissant la jouissance légale ?

Pourrait-il, à l'inverse, retirer au père la jouissance légale et lui laisser l'administration légale ?

221. Indiquer les différences entre l'administration légale et la jouissance légale. (Civ. 389, 384 à 387.)

CHAPITRE II

Des Enfants légitimes mineurs émancipés

222. Qu'est-ce que l'émancipation ? Combien distingue-t-on de sortes d'émancipation ? Tous les mineurs passent-ils par cet état intermédiaire avant d'arriver à la majorité ?

223. Jeanne, âgée de 19 ans, va se marier. Son père qui est veuf voudrait qu'elle restât en tutelle jusqu'à sa majorité. Indiquer les formalités à remplir. (Civ. 476.)

224. Louis est âgé de 15 ans et 4 mois. Son père et sa mère se présentent dans votre étude pour l'émanciper et vous demandent de dresser l'acte d'émancipation. Ferez-vous cet acte ? (Civ. 477.)

225. Si le père de Louis était mort, sa mère ne pourrait-elle pas l'émanciper ?

Ne le pourrait-elle pas, même du vivant du père ?

226. Si le père et la mère de Louis sont tous les deux décédés, comment sera faite l'émancipation ?

Le conseil de famille ne pourrait-il pas procéder à cette émancipation, même du vivant des père et mère ? (Civ. 478.)

15

227. Comment est nommé le curateur du mineur émancipé? Étienne a émancipé son fils. Pierre. Qui sera curateur de Pierre? (Civ. 480.)

Jeanne, âgée de 19 ans, s'est mariée avec Jean, âgé de 24 ans. Qui sera curateur de Jeanne?

228. Déterminer les fonctions de curateur. Indiquer les différences entre le curateur et le tuteur.

229. Ludovic, âgé de 17 ans, mineur émancipé, se présente en votre étude pour faire son testament. Recevrez-vous cet acte? (Civ. 904.)

230. Pauline, âgée de 20 ans, mineure émancipée, se présente en votre étude pour passer son contrat de mariage. Ferez-vous cet acte? (Civ. 1095, 1398.)

231. Adrien, mineur émancipé, veut donner à bail une de ses maisons pour une période de six ans, moyennant un loyer annuel de 1.000 fr., payable par semestre et d'avance. Il se présente en votre étude avec le locataire pour passer le bail et donner le reçu du premier semestre de loyers. Ferez-vous ces actes? (Civ. 481.)

232. Adolphe, mineur émancipé, se présente dans votre étude pour donner quittance d'un capital de 10.000 fr. qui lui est remboursé par un de ses débiteurs. Qui ferez-vous comparaître à l'acte de quittance? (Civ. 482.)

233. Adrien avait pour tuteur son oncle, Ludovic. Il vient d'être émancipé par son conseil de famille, qui a nommé Ludovic curateur. Adrien et Ludovic se présentent en votre étude pour la reddition du compte de tutelle. Qui ferez-vous comparaître? Il vient d'être émancipé. (Civ. 480.)

234. Jacques avait pour administrateur légal son père. Il vient d'être émancipé.

Son père voudrait lui rendre son compte d'administration légale. Indiquer les formalités à remplir. (Civ. 480.)

235. Paul veut faire donation d'un domaine à son neveu, Raymond, âgé de 20 ans, marié. Qui ferez-vous comparaître à l'acte de donation? (Civ. 935.)

236. Raymond voudrait à son tour faire donation de meubles meublants à sa sœur, Lucie. Le peut-il? (Civ. 903, 904.)

237. Le père de Raymond qui était veuf, meurt, laissant pour héritiers Raymond et son frère Charles, majeur. La succession est opulente. Quels sont les partis qui s'offrent au choix des héritiers? Pourront-ils, après avoir accepté la succession, procéder à un partage amiable? (Civ. 461, 484, 465, 466, 840.)

238. Raymond voudrait emprunter 2,000 fr. avec garantie hypothécaire sur un de ses immeubles. Ferez-vous cet acte? (Civ. 483, 457, 458.)

239. Il voudrait vendre un domaine. Indiquer les formalités à remplir.

Quid s'il voulait l'échanger? (Civ. 484, 457 et s.)

240. Louise est âgée de 19 ans. Elle vient de se marier avec Louis, âgé de 26 ans, sous le régime de la communauté réduite aux acquêts.

Elle était précédemment sous la tutelle de son père, veuf depuis plusieurs années. De son patrimoine propre dépend une créance de 10,000 fr. sur Pierre.

Elle voudrait faire la cession de cette créance. Indiquer les formalités à remplir.

Même question, en supposant qu'avant son mariage elle fût placée sous le régime de l'administration légale. (Loi du 27 février 1880, art. 4.)

241. Jeanne, âgée de 19 ans, a son père et sa mère. Elle vient d'être émancipée expressément par son père. De son patrimoine dépend une créance de 10,000 fr. sur Lucien.

Elle voudrait faire la cession de cette créance. Indiquer les formalités à remplir. (Loi du 27 février 1880, art. 4.)

242. Même question, en supposant que Jeanne eût perdu son père ou sa mère avant son émancipation expresse. (Loi du 27 février 1880, art. 4.)

243. Lucie était sous la tutelle de sa mère. Elle a été émancipée expressément par celle-ci à l'âge de 17 ans. Le conseil de famille a nommé curateur son oncle, Théodore. Quelles formalités doit-elle remplir pour céder une créance de 1,400 fr. (première hypothèse); de 2,000 fr. (deuxième hypothèse)?

Sera-t-elle tenue d'observer les mêmes formalités si à l'âge de 18 ans elle se marie avec André, âgé de 23 ans?

244. Théodore continuera-t-il à remplir les fonctions de curateur?

Continuerait-il à les remplir si André n'était âgé que de 20 ans?

245. Indiquer les causes qui mettent fin à l'émancipation. (Civ. 388, 484 à 486.)

246. Charles, âgé de 20 ans, vient de se marier. Il a acheté quatre fois plus de meubles qu'il ne faut pour meubler ses appartements. Il a payé ces meubles à leur juste valeur. Cet achat pourra-t-il être annulé? Pourra-t-il être réduit? S'il est réduit, le bénéfice de l'émancipation pourra-t-il être retiré à Charles? (Civ. 484, 485.)

247. Daniel est âgé de 19 ans. Il a son père et sa mère.

Sa fortune personnelle s'élève à 80,000 fr. Il a employé 75,000 fr. à l'achat d'un domaine. Cet achat, sur sa demande, vient d'être réduit par le Tribunal civil. Le bénéfice de l'émancipation peut-il être retiré à Daniel? Si oui, dans quelle forme sera exercé ce retrait? Est-il exact de dire que dans ce cas Daniel rentre en tutelle? (Civ. 484 à 486.)

16

248. Mêmes questions, en supposant qu'au moment du retrait de l'émancipation, les père et mère de Daniel soient décédés. (Civ. 485.)

249. Daniel pourra-t-il être émancipé de nouveau?
Quid s'il se marie avant sa majorité? (Civ. 486.)

DEUXIÈME PARTIE. — Des Mineurs enfants illégitimes

CHAPITRE PREMIER

Des Enfants illégitimes mineurs non émancipés

250. Adrien, enfant naturel, a été reconnu par son père et sa mère. Il est âgé de 4 ans. Il est propriétaire d'une maison louée 1,000 fr. par an et d'un titre de 500 fr. de rente 3 °/° sur l'État français qui lui ont été légués. Ses biens sont-ils gérés par un administrateur légal ou par un tuteur? (Civ. 389.)

251. Qui sera tuteur d'Adrien? Comment sera composé son conseil de famille?

252. Adrien n'a été reconnu que par sa mère. Celle-ci peut-elle être nommée tutrice dative? Le pourrait-elle si Adrien avait été reconnu également par son père?

253. Antoinette, pendant son mariage avec Antoine, a donné naissance à un fils, Émile; mais celui-ci a été désavoué par Antoine. Quelle est sa situation juridique? Est-il en tutelle? Sa mère pourrait-elle être nommée tutrice?

254. Jean était marié avec Louise, sœur utérine de Thérèse. Devenu veuf, il se marie en deuxièmes noces avec Thérèse sans avoir obtenu de dispense. De ce mariage naît un fils, Lucien. Ce mariage est ensuite annulé comme contracté en violation de l'article 162 du Code civil. Les deux époux étaient de mauvaise foi. Quelle est la situation juridique de Lucien? Lucien est âgé de 3 ans. Est-il en tutelle? Si oui, qui sera son tuteur?

255. Mêmes questions, en supposant que Thérèse ait contracté ce mariage de bonne foi. (Civ. 202.)
Mêmes questions en supposant que Jean et Thérèse se soient mariés l'un et l'autre de bonne foi. (Civ. 201.)

256. Les pouvoirs du tuteur d'un enfant illégitime diffèrent-ils de ceux du tuteur d'un enfant légitime?

CHAPITRE II

Des Enfants illégitimes mineurs émancipés

257. Adrien, enfant naturel, Émile, enfant adultérin, et Lucien, enfant incestueux, se marient à l'âge de 20 ans. Continueront-ils à rester en tutelle? (Civ. 476.)

258. Pourraient-ils être l'objet d'une émancipation expresse? Si oui, qui aurait le droit de leur conférer l'émancipation?

259. Henri, fils naturel reconnu de Paul et de Pauline, est âgé de 16 ans. Il est émancipé. Pauline veut lui faire donation d'une maison sise à Bordeaux. Qui ferez-vous comparaître à cet acte? (Civ. 935.)

260. Y a-t-il des différences dans la situation juridique des mineurs émancipés suivant qu'ils sont enfants légitimes ou enfants illégitimes?

APPENDICE

Des mineurs, enfants légitimes ou illégitimes, placés dans un hospice

261. Ernest, âgé de 6 mois, fils légitime de Louis et Louise, a été placé dans un hospice. Un legs de 2,000 fr. a été fait à son profit par Adolphe. Quelles seront les formalités à remplir pour recueillir ce legs?
Quid s'il eût été enfant naturel? (Loi du 15 pluviôse an XIII. — Décret du 19 janvier 1811.)

262. A quel âge, par qui et dans quelle forme Ernest pourra-t-il être émancipé? (Civ. 476, 477. — Loi du 15 pluviôse an XIII, art. 4 et 5.)

17

TITRE XI

De la Majorité, de l'interdiction et du conseil judiciaire

CHAPITRE PREMIER

De la Majorité

263. A quel âge une fille est-elle majeure? Est-elle pleinement capable de tous les actes de la vie civile à partir de sa majorité? Enumérer les événements qui peuvent porter atteinte à sa capacité.

A quel âge un garçon est-il majeur? Est-il pleinement capable de tous les actes de la vie civile à partir de sa majorité? Enumérer les événements qui peuvent porter atteinte à sa capacité. (Civ. 488, 148 et s.; 346, 499 et s.; 499, 513, 215, 217 et s. — Pén. 42, 43, 34, 28, 29. — Loi du 31 mai 1854, art. 1 à 3. — Loi du 30 juin 1838, art. 31 à 40. — Co. 437 et s. — Loi du 4 mars 1889.).

CHAPITRE II

De l'Interdiction judiciaire

264. Jules, âgé de 35 ans, est atteint de démence. Qui peut demander son interdiction judiciaire? Devant quel tribunal cette demande sera-t-elle portée? (Civ. 489 à 492.)

265. Indiquer sommairement la procédure qui sera suivie. (Civ. 493 à 501.)

266. Au cours de la procédure en interdiction judiciaire. Louis a été nommé administrateur provisoire du patrimoine de Jules. Louis se présente en votre étude pour vendre une parcelle de terre appartenant à Jules. Ferez-vous cet acte?

Il veut recevoir un capital de 10,000 fr. dû à Jules. Qui ferez-vous comparaître dans l'acte de quittance? (Civ. 497. — Cass. 19 février 1889; S. 89, 1, 296.)

267. Jules, frappé d'interdiction judiciaire par le Tribunal civil de Bordeaux, se présente en votre étude pendant un intervalle lucide pour vendre une de ses maisons. Ferez-vous cet acte?

Comment vous rendrez-vous compte de son incapacité?

Mêmes questions, en supposant que vous soyez notaire à Lyon. (Civ. 501, 502.)

268. Jules a été frappé d'interdiction judiciaire par le Tribunal civil de Bordeaux. Qui gérera son patrimoine? Par qui son tuteur sera-t-il nommé?

Pierre, son oncle paternel, a été nommé tuteur le 15 mars 1896. Pouvait-il refuser cette charge? Sera-t-il tenu de le conserver jusqu'à la mort de Jules ou la mainlevée de l'interdiction? *Quid* si Pierre était le père de Jules? (Civ. 508.)

269. Pierre est-il tenu de réaliser des économies sur les revenus de Jules? (Civ. 510.)

270. Jeanne, âgée de 42 ans, mariée avec Jean, a été frappée d'interdiction judiciaire. Qui sera son tuteur? (Civ. 506.)

271. Jeanne susnommée a deux enfants : Jacqueline et Thérèse. Elle est mariée sous le régime de la séparation de biens. Elle est riche. Son mari n'a aucune fortune. Jacqueline va se marier. Ne sera-t-il pas possible de lui constituer une dot avec des biens appartenant à Jeanne? Si oui, de quelle façon? (Civ. 511.)

272. Résumer les différences qui existent entre la tutelle des interdits judiciairement et celle des mineurs.

273. Jules, frappé d'interdiction judiciaire, veut faire un testament dans un intervalle lucide. Recevrez-vous cet acte?

Il a fait un testament avant son interdiction. Ce testament est-il valable? (Civ. 502 à 504.)

274. Quelles sont les causes qui peuvent mettre fin à l'interdiction judiciaire? (Civ. 512.)

CHAPITRE III

Du Conseil judiciaire

275. Qu'est-ce qu'un conseil judiciaire? A quelles personnes peut-il être nommé un conseil judiciaire? (Civ. 499, 513.)

276. Jean, âgé de 30 ans, se livre à des prodigalités. Qui pourra provoquer la nomination d'un conseil judiciaire? Indiquer la procédure à suivre. Par qui le conseil judiciaire sera-t-il nommé? (Civ. 499, 513 à 515.)

277. Avant de statuer définitivement, le Tribunal pourrait-il nommer un conseil provisoire? (Civ. 497. — Cass. 29 avril 1885; D. 85, 4, 372.)

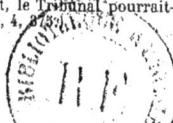

18

278. Étienne a été nommé conseil judiciaire de Jean par jugement du Tribunal civil de Bordeaux. Est-il obligé d'accepter ces fonctions?

279. Jean, pourvu d'un conseil judiciaire en la personne d'Étienne, se présente seul en votre étude pour emprunter 5,000 fr. et grever d'hypothèque une de ses maisons. Ferez-vous cet acte? (Civ. 513, 2124.)

Comment saurez-vous que Jean est pourvu d'un conseil judiciaire, si vous êtes notaire à Bordeaux (première hypothèse), à Rouen (deuxième hypothèse)? (Civ. 501.)

280. Jean, susnommé, voudrait vendre des meubles meublants et grever d'une servitude de passage un de ses domaines ruraux. Il se présente seul en votre étude. Ferez-vous ces actes? (Civ. 513.)

Quid s'il était porteur d'une autorisation spéciale sous signature privée qui lui aurait été donnée par son conseil judiciaire?

281. Jean peut-il, sans l'assistance de son conseil, toucher une somme de 10,000 fr. qu'un de ses débiteurs se propose de lui rembourser? Peut-il en donner valable quittance?

Qu'adviendra-t-il s'il touche cette somme sans être assisté de son conseil? (Civ. 502.)

282. Jean peut-il, sans l'assistance de son conseil, donner à bail un de ses immeubles, toucher les loyers et fermages, faire son testament, se marier, faire son contrat de mariage? (Civ. 499, 513.)

283. Jean serait-il dans une situation juridique différente s'il avait été pourvu d'un conseil judiciaire, non pour cause de prodigalité, mais pour cause de faiblesse d'esprit? (Civ. 499, 513.)

284. Indiquer les causes qui mettent fin à cette situation juridique. (Civ. 514.)

APPENDICE

§ 1. — *Des Aliénés non interdits*

285. Jules, dont les facultés mentales sont altérées, se présente en votre étude dans un intervalle lucide pour vendre un de ses domaines. Il n'a pas été frappé d'interdiction judiciaire. Ferez-vous cet acte?

Quelle serait la valeur de cet acte, si plus tard l'interdiction était prononcée contre Jules? (Civ. 503.)

Quid si Jules mourait sans que l'interdiction judiciaire ait été prononcée ni même provoquée contre lui? (Civ. 504.)

286. Jules, non interdit, a été placé dans un établissement public d'aliénés. Louis, qui lui doit 15,000 fr., voudrait se libérer. Quelles personnes ferez-vous comparaître dans l'acte de quittance?

Même question, en supposant que Jules ait été placé dans un établissement privé. (Loi du 30 juin 1838, art. 31, al. 1, et art. 32.)

287. Adolphe meurt, laissant pour héritiers Jean et Jeanne, ses neveu et nièce. Cette dernière célibataire et majeure, non interdite, se trouve dans l'établissement public d'aliénées de Bordeaux. Comment procéderez-vous à l'inventaire et au partage de la succession? (Loi du 30 juin 1838, art. 33, 36.)

288. Pierre, administrateur des biens d'Ernest, non interdit, placé dans un établissement public d'aliénés, voudrait donner à loyer une maison de ce dernier pour une durée de cinq ans. Ferez-vous ce bail? (Loi du 30 juin 1838, art. 31.)

289. Préciser les différences qui existent entre l'administrateur provisoire d'un aliéné non interdit placé dans un établissement, et l'administrateur provisoire qui peut être nommé au cours d'une procédure en interdiction judiciaire. (Loi du 30 juin 1838, art. 31, 32 et s.— Civ. 497.)

§ 2. — *De l'Interdiction civique*

290. Henri a été frappé d'interdiction civique en vertu d'un jugement du Tribunal correctionnel de Bordeaux. Il se présente en votre étude pour servir de témoin dans un acte notarié. L'accepterez-vous?

Il a été convoqué pour assister au conseil de famille de son neveu Adolphe, âgé de 10 ans, et il a été nommé tuteur d'Adolphe. Cette nomination est-elle valable?

Henri peut-il faire partie de ce conseil de famille? (Pén. 42.)

Il veut vendre une de ses maisons et faire son testament. Recevrez-vous ces actes?

En quoi consiste l'interdiction civique? Est-ce une peine principale ou accessoire? Dans quels cas est-elle prononcée? (Pén. 43.)

§ 3. — *De la Dégradation civique*

291. Ernest a été frappé de dégradation civique par arrêt de la Cour d'assises de la Gironde. Il se présente en votre étude pour servir de témoin dans un acte notarié. L'accepterez-vous?

Il veut choisir un mandataire pour le représenter dans le conseil de famille appelé à donner son avis sur l'interdiction judiciaire d'une de ses nièces. Ferez-vous cette procuration?

Sa femme meurt. Il a un fils âgé de 14 ans. En sera-t-il le tuteur? (Pén. 34.)

19

292. En quoi consiste la dégradation civique? Est-ce une peine principale ou accessoire? Préciser les différences qui existent entre la dégradation civique et l'interdiction civique. (Pén. 34, 111, 114, 127, 130, 28. — Loi du 31 mai 1854, art. 2. — Pén. 42, 43.)

§ 4. — De l'Interdiction légale

293. Jeanne, mariée avec Jean sous le régime de la séparation de biens, a été condamnée, par arrêt contradictoire et définitif, à cinq ans de réclusion. Il serait nécessaire, pour la bonne gestion de ses biens propres, d'emprunter 4,000 fr. avec hypothèque sur une de ses maisons. Quelles seront les formalités à remplir? (Civ. 457, 458, 505, 506. — Pén. 29.)

294. Louis a été condamné, par arrêt contradictoire et définitif, à dix ans de travaux forcés. Il voudrait faire son testament. Recevrez-vous cet acte? Il a été autorisé à se marier. Ferez-vous son contrat de mariage? A l'expiration de sa peine, il se présente en votre étude pour vendre une de ses maisons. Dresserez-vous l'acte de vente? Il offre de servir de témoin dans un acte notarié. L'accepterez-vous? (Pén. 29, 34.)

295. André a été condamné par contumace à quinze ans de travaux forcés. Par qui son patrimoine sera-t-il géré? (Inst. cr. 471.)

296. En quoi consiste l'interdiction légale? A quelles peines est-elle attachée? Préciser les différences qui existent entre l'interdiction légale et l'interdiction judiciaire.

§ 5. — Des Individus condamnés à une peine afflictive perpétuelle

297. Énumérer les peines afflictives perpétuelles. Quelle est la situation juridique des individus condamnés à une peine afflictive perpétuelle?

298. Lucien a été condamné aux travaux forcés à perpétuité. Qui gérera son patrimoine? Sa fille Ernestine va se marier. On voudrait qu'une dot fût constituée à celle-ci sur les biens de son père. Sera-ce possible? (Loi du 31 mai 1854, art. 2 à 4.)

299. Paul meurt laissant un fils unique, Lucien, susnommé. Sa succession vaut 70,000 fr. Que devient-elle? Lucien a été institué légataire d'une maison par un de ses oncles. Pourra-t-il recueillir ce legs?

300. Lucien meurt sans descendant ni ascendant, laissant un frère et une sœur. Il a institué son ami Jules pour légataire universel suivant testament public antérieur à sa condamnation. Sa succession vaut 100,000 fr. La répartir. (Loi du 31 mai 1854, art. 2 à 4.)

LIVRE DEUXIÈME

Des Biens et des différentes modifications de la propriété

TITRE PREMIER

De la Distinction des biens

301. Les portes et fenêtres d'une maison, les statues posées sur un piédestal dans un jardin anglais, constituent-elles des meubles ou des immeubles? (Civ. 518, 525.)

302. Ernest a établi un café dans une maison qu'il a fait construire et aménager spécialement à cet effet. Il a placé dans cette maison un billard avec ses accessoires, un comptoir, des chaises, tables et autres ustensiles indispensables à l'exploitation du café. Ernest voudrait contracter un emprunt. Peut-il hypothéquer ces différents objets en même temps que la maison? (Civ. 2114, 2119, 524.)

303. Un domaine a été hypothéqué avec tous les immeubles par destination qui s'y trouvent. Sur ce domaine sont placés des bœufs destinés à le cultiver, un troupeau de moutons, des chevaux de labour, des chevaux de selle et de voiture, une calèche, des charrettes et tombereaux, des instruments agricoles, des pailles et fumiers, des pressoirs et des cuves. Indiquer les objets atteints par l'hypothèque. (Civ. 524.)

304. Une maison est louée 4,000 fr. par an. La nue propriété en appartient à Pierre et l'usufruit à Paul. Le droit de Pierre constitue-t-il un meuble ou un immeuble? Même question en ce qui concerne le droit de Paul. (Civ. 526.)

305. Roger est usufruitier de vingt actions de la Compagnie des chemins de fer du Midi dont Jacques est nu-propriétaire. Ce droit d'usufruit constitue-t-il un bien mobilier ou immobilier?

20

Même question en ce qui concerne le droit de nue propriété de Jacques. (Civ. 529.)

Louis est titulaire d'une obligation de la Compagnie du Midi. Cette obligation constitue-t-elle un meuble ou un immeuble? (Civ. 529.)

TITRE II

De la Propriété

306. Définir le droit de propriété. Analyser les trois éléments qu'il renferme. Indiquer les différences qui existent entre la propriété et la possession.

307. Jean a fait donation à Paul par acte sous seings privés, le 1er décembre 1880, d'un domaine rural et d'une maison.

Paul croit la donation valable, exploite lui-même le domaine et loue la maison 1,200 fr. par an : les loyers sont payables par trimestre et à terme échu, les 31 mars, 30 juin, 30 septembre et 31 décembre.

Le 1er février 1890, Jean meurt et Paul montre son acte sous seings privés à un notaire qui lui déclare que la donation est inexistante. Paul reste en possession des biens.

Les héritiers de Jean attaquent la donation, font déclarer son inexistence par les tribunaux, et le 1er décembre 1890, Paul est expulsé.

Il a payé 240 fr. d'impôts et 1,600 fr. pour semences et labours pendant l'année 1890. Il a perçu tous les loyers exigibles et a vendu la récolte de 1890 moyennant le prix de 6,000 fr. Que doit-il restituer? (Civ. 547 à 550, 584, 586. — Pr. 129.)

308. Pierre, propriétaire d'un terrain sis à Arcachon, a fait construire un chalet sur ce terrain avec des briques appartenant à son voisin Albert. Quels sont les droits de ce dernier? (Civ. 554.)

309. Georges a construit un vaste hangar sur un domaine qu'il a pris à ferme et qui appartient à Raymond. Coût : 3,000 fr. Plus-value : 500 fr. Quels sont à l'expiration du bail les droits de Raymond? (Civ. 555.)

310. Un menuisier a fait une table commune avec du bois appartenant à Étienne. Quels sont les droits de ce dernier?

Même question, en supposant que le menuisier ait fait avec ce bois, au lieu d'une table commune, un meuble artistique de grande valeur. (Civ. 570, 571, 577.)

TITRE III

De l'Usufruit, de l'usage et de l'habitation

CHAPITRE PREMIER

De l'Usufruit

311. Définir l'usufruit. (Civ. 578.)

Je suis usufruitier d'un vignoble dont la nue propriété appartient à Pierre. Quels sont mes droits? Quels sont les droits de Pierre? Puis-je transformer le vignoble en prairie?

312. Comment l'usufruit peut-il être établi? (Civ. 579.)

Auguste, pourvu d'un conseil judiciaire et propriétaire d'une maison sise à Bordeaux, rue Sainte-Catherine, 310, veut vendre l'usufruit de cette maison, moyennant le prix de 20,000 fr., payable comptant. Ferez-vous cet acte? (Civ. 499, 513, 595.)

313. Même question, en supposant qu'Auguste veuille faire donation à Ernest de cet usufruit. (Civ. 499, 513, 595, 939, 2118-2°.)

314. Pierre meurt laissant pour seul héritier son frère Paul : il a fait un testament ainsi conçu :

Je lègue l'usufruit de ma maison de Bordeaux à Jean ; il n'entrera en jouissance qu'un an après ma mort.

Je lègue l'usufruit de ma villa d'Arcachon à Jules pour cinq ans.

Je lègue à Jacques, s'il se marie, l'usufruit de ma maison de Lyon et des meubles qui la garnissent.

Je lègue à François l'usufruit d'un titre de 1,000 fr. de rente 3 °/. sur l'Etat français; son droit sera résolu s'il dépasse l'âge de trente ans sans se marier.

Je lègue l'usufruit de mon vignoble de Pauillac à Ernest.

Ces legs sont-ils valables? A quel moment l'usufruit commencera-t-il? A quel moment prendra-t-il fin? (Civ. 580, 581.)

SECTION I. — DES DROITS DE L'USUFRUITIER

315. Pierre est usufruitier, en vertu d'une convention, d'une maison louée 3,650 fr. par an, à partir du 1er septembre 1889, pour une période de cinq années. Il est en outre usufruitier d'un vignoble en vertu d'un testament. Les impôts annuels s'élèvent pour la maison à 500 fr., pour le vignoble à 200 fr. Pierre meurt le 30 septembre 1890 après avoir touché d'avance un trimestre de loyers et vendangé la moitié du vignoble.

Quels sont les droits respectifs de ses héritiers et du nu-propriétaire? Quelles sont leurs obligations au sujet des impôts? (Civ. 582 à 586, 608.)

21

316. Jacques a la jouissance légale d'un vaste domaine rural appartenant à son fils Émile, mineur non émancipé. Ce domaine est affermé pour dix ans, moyennant 365 hectolitres de blé par année à partir du 1er novembre 1890.

Le 15 novembre 1891, Émile atteint sa dix-huitième année.

Déterminer les droits de Jacques et d'Émile sur le prix du bail. (Civ. 384, 584.)

317. Paul est usufruitier, depuis le 1er janvier 1890, d'une rente annuelle et viagère de 365 fr., reposant sur la tête de Gustave, le nu-propriétaire. Il est en outre usufruitier d'un vignoble; il dépense pour labours et taille de la vigne 1,500 fr. Il meurt le 1er septembre 1890. Déterminer les droits de ses héritiers. (Civ. 584 à 586, 588.)

318. Marc est usufruitier de 100 hectolitres de blé estimés dans l'acte constitutif d'usufruit, à raison de 20 fr. l'hectolitre, 2,000 fr. Il meurt ; à l'époque de son décès, le blé vaut 25 fr. l'hectolitre. Que doivent restituer ses héritiers? (Civ. 587.)

319. Jean est épicier ; il lègue l'usufruit de son fonds d'épicerie à André. Celui-ci vous consulte sur l'étendue de ses droits et obligations. (Civ. 587, 589, 599.)

320. Ernest est usufruitier de meubles meublants estimés 3,000 fr. au jour de l'ouverture de l'usufruit, d'une rente viagère de 400 fr. par an établie sur la tête de Lucien, le nu-propriétaire, et d'une créance de 15,000 fr. exigible le 1er janvier 1890.

Le débiteur des 15,000 fr. peut-il valablement se libérer entre les mains d'Ernest? Comment dresserez-vous la quittance?

Ernest meurt le 1er février 1891. Les meubles meublants ne valent plus que 1,200 fr. Que doivent restituer ses héritiers à Lucien, nu-propriétaire? (Civ. 585, 589, 601. — Loi du 3 mai 1841, art. 39.)

321. Henri a légué à Pierre la nue propriété et à Paul l'usufruit de dix obligations du Midi et d'une obligation de la Ville de Paris.

Les dix obligations du Midi, dont le cours est de 440 fr., sortent au tirage et sont remboursées à 500 fr.

L'obligation de la Ville de Paris, dont le cours est de 530 fr., sort également et gagne un lot de 100,000 fr.

Quels sont les droits respectifs de Pierre et de Paul sur les primes de remboursement des obligations du Midi et sur le lot de l'obligation de la Ville de Paris? (Cass. 14 mars 1877; D. 77, 1, 353; S. 78, 1, 1.)

322. Jacques est usufruitier d'un bois taillis dont les coupes ont lieu tous les quinze ans et d'un bois de haute futaie non aménagé.

La dernière coupe de bois taillis aurait dû être faite en 1885. Jacques a devancé cette date, et a fait la coupe en 1880.

Huit arbres de haute futaie ayant été arrachés par un ouragan, Jacques les a employés pour son chauffage.

Il meurt en 1890 : le nu-propriétaire peut-il adresser quelques réclamations aux héritiers?

Que décider si Jacques était mort en 1884 ? (Civ. 590, 592.)

323. Eugène a légué à Ludovic l'usufruit de tous ses biens. Cet usufruit comprend une maison garnie de meubles, un vignoble et une forêt.

Au cours de l'usufruit, de grosses réparations étant devenues nécessaires à la charpente de la maison, Ludovic a fait abattre à cet effet des arbres de haute futaie. En avait-il le droit?

Tous les ans il a pris dans la forêt des échalas pour ses vignes. En avait-il le droit?

Les meubles, qui étaient estimés au commencement de l'usufruit 3,500 fr., ayant été détériorés par l'usage, ne valent plus à la fin que 2,400 fr. Les héritiers devront-ils de ce chef une indemnité au nu-propriétaire? (Civ. 589, 592, 593.)

324. Théodore, usufruitier d'une forêt dont la nue-propriété appartient à Louis, est décédé laissant pour seul héritier son fils Lucien.

A l'époque fixée par l'usage, il avait vendu une coupe de cette forêt moyennant le prix de 30,000 fr. Il est décédé alors que cette coupe était en exploitation et que les deux tiers seulement des arbres étaient abattus.

L'acquéreur peut-il exiger l'exécution de la vente pour le surplus? Si oui, répartir le prix de vente. (Civ. 585, 590, 595.)

325. Camille est usufruitier d'un domaine sur lequel existent des peupliers et des poiriers. Trois peupliers et quatre poiriers meurent. A qui appartiennent ces arbres morts? (Civ. 594.)

326. Pierre, usufruitier d'une maison sise à Bordeaux et d'un domaine rural dont la nue propriété appartient à Paul, veut donner à loyer la maison et à ferme le domaine à Louis, pour une période de quinze ans à partir du 1er novembre 1880.

Ferez-vous ces actes? Quel en sera le sort : 1o Si Pierre meurt le 1er juillet 1889; 2o s'il meurt le 3 janvier 1890? (Civ. 595, 1429.)

Pierre veut renouveler les deux baux, le 4 novembre 1892, pour une nouvelle période de quinze années. Ferez-vous ces deux actes? Qu'adviendra-t-il si Pierre meurt le 20 novembre 1892? (Civ. 595, 1430.)

327. Mme veuve Durand, usufruitière d'une usine sise à Lormont, qui était louée antérieurement à l'ouverture de l'usufruit 4,000 fr. par an, à résilié ce bail sur la demande du preneur, et a consenti ensuite un nouveau bail de neuf ans au profit de Charles, moyennant un loyer annuel de 3,000 fr. Elle est morte quelque temps après.

22

Le nu-propriétaire demande la nullité de la résiliation et s'oppose à l'exécution du nouveau bail, prétendant que Mᵐᵉ veuve Durand, en consentant ces actes, a outrepassé ses droits d'usufruitière. Que décider? (Civ. 578, 595.)

328. Auguste, usufruitier d'une maison sise à Bordeaux, louée 3,000 fr. par an, et de divers meubles meublants, estimés 5,000 fr., veut céder cet usufruit à Ernest, moyennant le prix de 4,500 fr. payable comptant.

Ferez-vous cet acte? Quels en seront les effets? Qu'adviendra-t-il si Ernest décède avant Auguste? (Civ. 595.)

329. Auguste, au lieu de céder son usufruit à Ernest, veut le grever d'un usufruit au profit d'Ernest. En d'autres termes, il veut établir sur son propre usufruit un usufruit au profit d'Ernest.

Ferez-vous cet acte? Si oui, quels en seront les effets? Qu'adviendra-t-il si Ernest décède avant Auguste? (Civ. 595, 617.)

330. Auguste aurait-il pu céder gratuitement son usufruit à Ernest ou établir gratuitement sur cet usufruit un usufruit au profit d'Ernest?

Si Ernest commet des abus de jouissance, quels seront les droits du nu-propriétaire? (Civ. 595, 618.)

331. Jules est nu-propriétaire d'une maison dont l'usufruit appartient à Gabriel. Jules vient vous trouver pour contracter un emprunt de 15,000 fr. et hypothéquer la nue propriété de cette maison, au profit de son prêteur Raymond. — Gabriel vient quelques jours après vous trouver pour contracter un emprunt de 3,000 fr. et hypothéquer l'usufruit de cette maison au profit de son prêteur Antoine. Ferez-vous ces actes? (Civ. 2118, 2133.)

Quels seront les droits respectifs de Raymond et d'Antoine, s'ils ne sont pas remboursés à l'échéance? (Civ. 2204.)

332. Jacques a un fils âgé de 9 ans, auquel on vient de léguer une maison sise à Bordeaux. Jacques veut emprunter, pour trois ans, 5,000 fr. et hypothéquer l'usufruit lui appartenant sur la maison de Bordeaux. Ferez-vous cet acte? (Civ. 384, 2118.)

Les créanciers chirographaires de Jacques ne pourraient-ils pas saisir l'usufruit de cet immeuble? (Civ. 2204.)

333. Guillaume est usufruitier d'un terrain dont la nue propriété appartient à Auguste. Avant l'ouverture de l'usufruit, Auguste avait concédé à Ernest, moyennant une redevance annuelle de 3,000 fr., l'exploitation d'une carrière. Durant l'usufruit, un ouvrier d'Ernest découvre dans ce terrain une cassette contenant 8,000 fr. en or. Déterminer les droits de Guillaume.

Quels eussent été les droits de Guillaume, s'il eût découvert lui-même cette cassette? (Civ. 598, 716.)

334. Pierre, usufruitier d'un domaine rural, a fait construire sur ce domaine une maison d'habitation. Il meurt. Quels sont les droits du nu-propriétaire? (Civ. 599, 555.)

SECTION II. — DES OBLIGATIONS DE L'USUFRUITIER

335. Pierre, usufruitier, en vertu d'un testament, d'une maison et des meubles la garnissant, dont la nue propriété appartient à Paul, vous requiert de faire l'inventaire des meubles et de dresser un état des immeubles. Qui ferez-vous comparaître à cet acte? Qui en supportera les frais?

Que serait-il advenu si Pierre était entré en possession des biens dont il a l'usufruit, sans faire d'inventaire ni d'état.

Que décider si Pierre était usufruitier de ces biens, en vertu de l'article 384 du Code civil? Que décider s'il l'était en vertu de l'article 754 du même Code? (Civ. 384, 754, 600, 1442, 1445, 1504 et 1731.)

336. Adrien, décédé le 8 novembre 1892, laissant pour seul héritier son neveu Ferdinand, a fait donation à sa femme de l'usufruit de tous ses biens, avec dispense de faire emploi, de fournir caution et de faire inventaire. Ferdinand offre de faire procéder à l'inventaire, à ses frais, par un notaire de son choix. L'usufruitière s'y oppose. Que décider? (Civ. 600.)

337. Jacques a légué à Louis l'usufruit, avec dispense de caution, d'une maison sise à Bordeaux, rue Sainte-Catherine. Cette maison est expropriée pour cause d'utilité publique. Louis touche, à titre d'indemnité, 100,000 fr. Est-il tenu de fournir caution? Que décider, s'il était usufruitier en vertu de l'article 384 ou de l'article 754? (Civ. 601. — Loi du 3 mai 1841, art. 39, al. 2 et 3.)

338. Ernest a vendu à Théodore un domaine sis en Médoc, mais avec réserve à son profit et sa vie durant, de l'usufruit dudit domaine. Est-il tenu de fournir caution?

Que décider, s'il lui en avait fait donation sous réserve d'usufruit? (Civ. 601.)

339. Jules a légué à Roger l'usufruit : 1° d'un domaine situé à Lormont; 2° de 800 hectolitres de blé se trouvant dans les greniers du domaine ; 3° des meubles meublants garnissant la maison d'habitation; 4° et de 3,000 fr. en espèces. Il a légué à Paul la nue propriété de ces mêmes biens. Qu'adviendra-t-il si Roger ne trouve pas de caution?

Qu'adviendra-t-il s'il s'est mis en possession de ces biens et ne fournit caution que plus tard? (Civ. 602 à 604, 1014, 1956 et s.)

23

340. Jean, usufruitier dispensé de caution et d'emploi, peut-il être contraint à convertir en titres nominatifs les valeurs au porteur sur lesquelles porte son usufruit et à faire immatriculer ces titres en son nom pour l'usufruit et au nom du nu-propriétaire pour la nue propriété? (Civ. 601, 604, 618.)

Que décider s'il tombe en faillite?

341. Pierre, usufruitier d'une maison avec jardin, dont la nue propriété appartient à Paul, a fait recrépir et reblanchir la façade de cette maison; coût : 120 fr. Il a fait recouvrir une partie de la toiture; coût : 70 fr., et reconstruire le mur de clôture du jardin; coût : 2,500 fr. Qui supportera ces dépenses?

L'usufruit de Pierre a commencé le 1er janvier 1880. Pierre est mort le 31 mars suivant. Les impôts s'élèvent annuellement à 365 fr. Ils n'ont pas encore été payés. Qui devra les acquitter? (Civ. 605 à 608, 599, 609.)

342 Jacques a légué à Étienne l'usufruit de tous ses biens, et à Jules une rente viagère de 1,000 fr. par an. Qui devra payer les arrérages de cette rente?

Que décider si Jacques avait légué à Étienne l'usufruit du tiers de ses biens? (Civ. 610.)

343. Maxime a légué l'usufruit de tous ses biens à François. Il laisse 100,000 fr. d'actif et 20,000 fr. de passif. Qui supportera le passif héréditaire?

Que décider si Maxime avait légué à François l'usufruit de la moitié de ses biens?

Que décider s'il lui avait légué l'usufruit d'une maison valant 50,000 fr. (Civ. 611, 612.)

344. Alexandre est usufruitier d'un bœuf et d'un troupeau de trente moutons. Le bœuf et quinze moutons périssent. Quelles sont les obligations d'Alexandre? (Civ. 615, 616.)

SECTION III. — COMMENT L'USUFRUIT PREND FIN

345. Pascal a légué l'usufruit d'une maison à l'Institut des Frères des écoles chrétiennes *(congrégation autorisée)*. Il meurt le 1er janvier 1889. A quelle époque l'usufruit prendra-t-il fin?

Que décider si l'autorisation accordée à l'Institut des Frères des écoles chrétiennes est retirée le 1er juillet 1895? Que décider si Pascal avait légué cet usufruit pour une durée de cinquante ans? (Civ. 619.)

346. Adolphe a légué l'usufruit d'une créance de 50,000 fr. à Auguste, jusqu'à ce que Maurice ait atteint l'âge de 21 ans. Maurice a 10 ans au moment de l'ouverture du legs, c'est-à-dire à la mort du testateur. Qu'adviendra-t-il si Maurice meurt à l'âge de 15 ans?

Qu'adviendra-t-il si Auguste meurt lorsque Maurice aura atteint l'âge de 18 ans?

Que serait-il advenu si le legs d'Adolphe eût été ainsi conçu : « Je lègue à Auguste l'usufruit de la somme de 50,000 fr. qui m'est due par le Crédit Lyonnais, jusqu'à ce que Maurice, mon fils, ait atteint sa majorité, afin qu'il puisse, avec les revenus, subvenir aux frais d'éducation de ce dernier. » (Civ, 617, 620.)

347. Gustave est usufruitier d'une maison sise à Bordeaux, rue Sainte-Catherine. Cette maison est incendiée fortuitement. Son droit d'usufruit subsiste-t-il?

Il est usufruitier d'un domaine rural sur lequel se trouve une maison d'habitation. Cette maison est incendiée fortuitement. Son droit d'usufruit subsiste-t-il?

Il renonce, par acte notarié, à son usufruit sur le domaine rural. Ferez-vous transcrire cet acte? (Civ. 617, al. 6, 624, 623. — Loi du 23 mars 1855, art. 1-2° et art. 3.)

348. Jacques a vendu à Jean une maison, moyennant le prix de 30,000 fr., stipulé payable dans cinq ans à partir de la date de l'acte. Jean constitue à titre onéreux, au profit de Louis, un droit d'usufruit sur cette maison. Jean n'ayant pas payé son prix à l'échéance, Jacques fait résoudre la vente. Que devient l'usufruit? (Civ. 1654.)

349. Pierre est nu-propriétaire d'une maison dont l'usufruit appartient à Paul. Pierre a consenti une hypothèque de 15,000 fr. sur la nue propriété, et Paul une hypothèque de 3,000 fr. sur l'usufruit.

Qu'adviendra-t-il si Paul vient à mourir avant que ces deux créances soient remboursées?

Qu'adviendra-t-il si Pierre achète l'usufruit à Paul, ou Paul la nue propriété à Pierre? Qu'adviendra-t-il si Pierre vend la nue propriété et Paul l'usufruit à Jacques? (Civ. 617, al. 4, 2118.)

CHAPITRE II

De l'Usage et de l'habitation

350. William concède à Lucien, célibataire, ayant un seul domestique, un droit d'usage sur un vignoble. Lucien se marie, devient père de famille et prend un second domestique. L'étendue de son droit d'usage a-t-elle varié?

Lucien veut céder ou louer à Louis ce droit d'usage. Ferez-vous cet acte?

Mêmes questions, en supposant que le droit d'usage porte sur une maison. (Civ. 593, 625 à 635.)

24

TITRE IV

Des Servitudes ou services fonciers

CHAPITRE PREMIER

Des Servitudes qui dérivent de la situation des lieux

351. Pierre est propriétaire d'un vignoble situé sur le flanc d'une colline. Paul, propriétaire d'un fonds voisin, situé plus bas que celui de Pierre, voudrait élever un mur de clôture entre les deux héritages. Il vous demande s'il le peut. (Civ. 640, 647.)

352. Jean est propriétaire d'un fonds dans lequel se trouve une source dont les eaux se déversent par une pente naturelle sur le terrain d'Ernest. Jean ne peut-il pas détourner les eaux de leur cours naturel et en faire profiter Jacques, autre propriétaire voisin? (Civ. 641.)

Que décider si Ernest avait fait construire un aqueduc empiétant sur le fonds de Jean? (Civ. 642.)

353. Que décider si Jean, en détournant l'eau de son cours naturel, l'éloigne d'un abreuvoir qu'elle alimentait et qui est situé dans un hameau? (Civ. 643.)

354. Louis est propriétaire de deux prairies, dont l'une est située sur le bord d'un ruisseau. La seconde est éloignée du ruisseau et séparée de la première par un enclos attenant à une habitation qui appartient à Eugène. En face de la prairie de Louis, située au bord du ruisseau, sur la rive opposée, se trouve un vignoble appartenant à François.

Louis voudrait appuyer un barrage sur le fonds de François et établir un aqueduc sur le fonds d'Eugène, de façon à irriguer ses deux prairies. Le peut-il?

Quid, si le fonds de François était un enclos attenant à une habitation? (Civ. 644. — Loi du 29 avril 1845, art. 1. — Loi du 11 juillet 1847, art. 1.)

355. Auguste est propriétaire d'une vaste prairie traversée en ligne droite par un ruisseau. Peut-il détourner le ruisseau de son cours naturel et lui faire décrire des courbes dans sa prairie? (Civ. 644.)

Que décider si la prairie était traversée par la Garonne? (Civ. 644, 538.)

356. Auguste est propriétaire d'une prairie marécageuse, séparée de la Garonne par un vignoble appartenant à Jacques. Il veut drainer sa prairie. Peut-il établir des tuyaux souterrains dans le vignoble de Jacques?

Que décider si ce vignoble eût été clos de murs et eût renfermé une maison d'habitation? (Loi du 10 juin 1854, art. 1.)

357. Ludovic est usufruitier d'un domaine rural, voisin d'un domaine appartenant à Raymond. Peut-il contraindre ce dernier à procéder au bornage des deux domaines?

Si Raymond vous consulte à ce sujet, quel conseil lui donnerez-vous? (Civ. 646.)

Que décider si Ludovic était non pas usufruitier, mais fermier de ce domaine rural? (Civ. 646.)

358. Ernest a une prairie séparée de la voie publique par un vignoble appartenant à Lucien. Lucien veut entourer son vignoble de murs. Le pourra-t-il? (Civ. 647, 682.)

359. Pierre est propriétaire d'un fonds de terre labourable et d'un troupeau de moutons. Peut-il clôturer son fonds de terre sans inconvénient? (Civ. 648. — Loi du 9 juillet 1889, art. 2, 8 et 6. — Loi du 22 juin 1890.)

CHAPITRE II

Des Servitudes établies par la loi

SECTION I. — DU MUR ET DU FOSSÉ MITOYENS

360. Jean est propriétaire d'une maison élevée de deux étages, avec jardin entièrement clos de murs. Jacques est propriétaire d'une maison élevée d'un étage et d'un jardin ouvert de trois côtés. La maison de Jacques est contiguë à celle de Jean; le jardin de Jacques est contigu à celui de Jean. Les murs qui séparent les deux maisons et les deux jardins sont-ils mitoyens? (Civ. 653, 654.)

361. Pierre est propriétaire d'un champ entièrement clos de murs. Paul est propriétaire d'un champ contigu, clos de haies des trois côtés qui ne touchent point au champ de Pierre. Le mur qui sépare les deux champs est-il mitoyen?

Que décider si le champ de Paul était ouvert des trois autres côtés? (Civ. 653, 654.)

362. Auguste a construit un mur à la limite de son héritage. Ernest, propriétaire voisin, veut adosser des espaliers contre ce mur. Le peut-il?

Sinon, peut-il contraindre Auguste à lui céder la mitoyenneté du mur? Ferez-vous transcrire l'acte de cession?

25

Que décider si le mur avait été construit par Auguste à 50 centimètres en deçà de la limite de son héritage? (Civ. 661, 674, al. 2, 3.)

363. Ernest, après avoir acquis la mitoyenneté du mur, peut-il le faire exhausser? Peut-il construire une grange et appuyer sur ce mur des poutres et des solives?

Si Auguste veut à son tour construire une grange, pourra-t-il appuyer, sur la partie surhaussée du mur, des poutres et solives? (Civ. 657 à 662.)

364. Eugène est propriétaire d'un terrain sis à Bordeaux, contigu à un bâtiment en bois appartenant en propre à Mme Henry, mineure, émancipée par son mariage.

Peut-il contraindre cette dernière et son mari à lui céder la mitoyenneté du pan de bois dudit bâtiment et accepter l'indemnité fixée par experts, sans que la cession ait été autorisée par une délibération du conseil de famille homologuée par le Tribunal? (Civ. 668, al. 1: 661, 476, 484, 457 et s.)

365. Jean et Jacques sont copropriétaires d'un mur mitoyen qui tombe en ruine. Jacques demande qu'il soit procédé à la réparation de ce mur. Jean pourra-t-il se soustraire à cette obligation?

Si Jean fait abandon de la mitoyenneté, pourra-t-il la racheter, une fois les réparations effectuées par Jacques? (Civ. 655, 656, 661.)

366. Pierre et Paul sont propriétaires de deux héritages contigus, séparés par un fossé. Les terres provenant du curage du fossé ont été rejetées sur l'héritage de Paul. Le fossé est-il mitoyen? (Civ. 666.)

367. Pierre et Paul sont propriétaires de deux jardins contigus, entourés l'un et l'autre d'une haie vive. La haie qui sépare ces deux jardins est-elle mitoyenne?

Que décider si le jardin de Paul était clos de palissades des trois côtés qui ne touchent point au jardin de Pierre?

Que décider s'il était ouvert de ces trois côtés? (Civ. 666, 653.)

368. Jean et Jacques sont propriétaires de deux champs séparés par un fossé mitoyen servant à l'écoulement des eaux. Jacques peut-il se soustraire à l'obligation de contribuer aux frais de curage en renonçant à la mitoyenneté. (Civ. 667.)

Pourrait-il combler la moitié du fossé touchant son domaine et construire un mur sur la limite de ce domaine? (Civ. 668.)

369. Pierre et Paul sont propriétaires de domaines contigus, séparés par une haie mitoyenne. Dans cette haie, du côté du vignoble de Paul, se trouvent des pruniers et des pommiers, et du côté du vignoble de Pierre, des peupliers.

A qui appartiendront les prunes et les pommes? Paul pourra-t-il exiger que les peupliers soient arrachés et vendus? Qui touchera le prix de cette vente? (Civ. 669, 670.)

370. Auguste a planté un poirier à 45 centimètres de la ligne qui sépare son domaine de celui de Guillaume. Quels sont les droits de Guillaume?

Quels seraient ses droits si le poirier était planté à 1^m 90 de cette ligne séparative; s'il était planté depuis plus de trente ans; si un mur mitoyen séparait les deux domaines?

Que décider s'il s'agissait d'arbres plantés en avenue depuis plus de trente ans, à une distance inférieure à 1^m 90 de la ligne séparative, et que l'un d'eux vînt à mourir? (Civ. 671, 672.)

371. Auguste a planté un poirier à 3 mètres de la ligne qui sépare son domaine de celui de Guillaume. Ce poirier, ayant grandi, étend ses branches et ses racines sur le domaine de Guillaume. Quels sont les droits de ce dernier?

Si Guillaume avait affermé son domaine à Lucien, quels seraient ses droits? Quels seraient les droits de son fermier? (Civ. 673.)

SECTION II. — DE LA DISTANCE ET DES OUVRAGES INTERMÉDIAIRES REQUIS POUR CERTAINES CONSTRUCTIONS

372. Le jardin de Jean est séparé de l'héritage de Jacques par un mur appartenant exclusivement à ce dernier. Jacques veut établir une fosse d'aisances et adosser une étable contre ce mur. Jean vous demande s'il en a le droit. (Civ. 674.)

SECTION III. — DES VUES SUR LA PROPRIÉTÉ DE SON VOISIN

373. La maison de Louis est contiguë au jardin d'Ernest. Pour donner plus de clarté à la cuisine, située au rez-de-chaussée, Louis veut établir, à 2 mètres au-dessus du sol de cette cuisine, une fenêtre prenant jour sur le jardin d'Ernest. Le peut-il? (Civ. 675 à 677.)

374. Pierre est propriétaire d'une maison, dont une façade est séparée du fonds de Jacques par une parcelle de jardin de 2 mètres de largeur. Pierre peut-il ouvrir une fenêtre d'aspect sur cette façade. (Civ. 678, 680.)

375. Paul est propriétaire d'une maison qui touche le fonds de Ludovic. Il veut ouvrir une fenêtre sur la façade perpendiculaire à ce fonds. A quelle distance de ce fonds peut-il pratiquer cette ouverture? (Civ. 679, 680.)

26

SECTION IV. — De l'égout des toits

376. Victor a une maison contiguë au jardin de Lucien. Il établit les toits de façon à ce que les eaux pluviales s'écoulent sur le jardin de Lucien. En a-t-il le droit ? (Civ. 681, 690.)

SECTION V. — Du droit de passage

377. Jean est propriétaire d'un champ enclavé, séparé en ligne droite de la voie publique par un jardin appartenant à Jacques. A-t-il le droit de réclamer un droit de passage à travers ce jardin pour l'exploitation agricole de son champ ?

Que décider si Jean était simplement fermier du champ enclavé ? (Civ. 682 à 684.)

378. Pierre et Paul sont copropriétaires indivis d'un domaine situé sur une voie publique. Ils procèdent au partage : Pierre devient attributaire de la moitié du domaine bordant la voie publique, et Paul attributaire de l'autre moitié. Cette seconde moitié est séparée, en ligne droite, d'une autre voie publique par une parcelle de terre de 70 mètres de largeur, appartenant à Louis.

Paul pourra-t-il contraindre Louis à lui céder un droit de passage sur cette parcelle de terre ? (Civ. 683, 684.)

379. Quels seront les droits de Paul s'il passe pendant trente ans avec une charrette sur la parcelle de Louis ? (Civ. 685.)

Qu'adviendra-t-il si après l'expiration de ces trente ans, on crée une route bordant le domaine de Paul ?

380. Jules a vendu à un notaire un immeuble sis à Bordeaux, auquel on accède par un passage donnant sur le cours Victor-Hugo. Il lui a vendu en même temps le droit de communauté à ce passage. Lucien, resté propriétaire de l'immeuble faisant façade sur le cours, s'est opposé à ce que les panonceaux et les affiches de vente concernant l'étude fussent apposés à l'entrée du passage commun. Est-ce avec raison ?

CHAPITRE III

Des Servitudes établies par le fait de l'homme

SECTION I. — Des diverses espèces de servitudes qui peuvent être établies sur les biens

381. Étienne est propriétaire d'un vignoble situé entre deux prairies appartenant à Jules. Il concède à ce dernier, sur son vignoble, une servitude de passage pour relier les deux prairies, et en outre le droit d'établir un aqueduc qui permettra à Étienne de déverser sur la prairie inférieure le trop plein des eaux destinées à l'irrigation de la prairie supérieure. Déterminer les caractères de ces deux servitudes. (Civ. 686 à 689.)

SECTION II. — Comment s'établissent les servitudes

382. Sylvestre a construit, il y a trente-un ans, une maison à la limite de son héritage et a établi la toiture de façon à ce que les eaux de pluie s'écoulent sur le fonds d'Ernest, propriétaire voisin. Ernest pourra-t-il obliger Sylvestre à se conformer aux prescriptions de l'article 681 ? (Civ. 690.)

383. Sylvestre, pour faciliter l'écoulement des eaux d'une source lui appartenant, a établi depuis plus de trente ans, sur le fonds d'Ernest, un aqueduc souterrain. Ernest peut-il détruire cet aqueduc ? Que décider si l'aqueduc eût été établi à ciel ouvert ? (Civ. 690, 691.)

384. Sylvestre a construit depuis plus de trente ans, sur le fonds d'Ernest, un chemin qu'il a pavé et sur lequel il exerce un droit de passage pour l'exploitation de son propre fonds. Ernest peut-il interdire à Sylvestre de passer désormais sur ce chemin ? (Civ. 691.)

385. Sylvestre puise de l'eau depuis plus de trente ans au puits d'Ernest et passe à cet effet sur une parcelle de terrain appartenant à Ernest. Ce dernier pourra-t-il désormais lui interdire l'accès de son puits ? (Civ. 691.)

386. Jean, propriétaire d'un domaine sur lequel existe une maison d'habitation et dans lequel jaillit une source, établit un aqueduc à ciel ouvert pour conduire l'eau de la source à la maison. Il meurt laissant pour héritiers ses deux fils, Pierre et Paul. Ceux-ci procèdent au partage du domaine. La maison est attribuée à Pierre ; la partie du domaine où jaillit la source est attribuée à Paul.

Existe-t-il une servitude au profit d'un fonds sur l'autre ? (Civ. 692, 693.)

387. Jean, propriétaire d'un domaine dans lequel a été ouverte une carrière, a établi sur partie de ce domaine un chemin pavé pour l'exploitation de cette carrière. Il conserve cette carrière et vend à Jacques la partie du domaine sur laquelle est établi le chemin pavé. Jean aura-t-il le droit de passage sur le fonds aliéné ? (Civ. 692, 694.)

27

388. Louis continue, par acte notarié, au profit d'un fonds appartenant à Ernest, un droit de puisage à une fontaine jaillissant sur son propre fonds. L'acte notarié ne parle point du droit de passage nécessaire pour exercer ce droit de puisage. Cette omission présente-t-elle quelques inconvénients ? (Civ. 696.)

SECTION III. — DES DROITS DU PROPRIÉTAIRE DU FONDS AUQUEL LA SERVITUDE EST DUE

389. Pierre est propriétaire d'un fonds qui a un droit de passage sur le domaine de Paul. Pierre peut-il macadamiser le chemin sur lequel s'exerce ce droit de passage ? (Civ. 697.) Si oui, qui supportera les frais de ces travaux ? (Civ. 698.)

390. Pierre est propriétaire d'un fonds sur lequel est établie une servitude de passage pour l'exploitation d'une carrière appartenant à Paul. Aux termes de l'acte constitutif de la servitude, Pierre est tenu de tenir en bon état de pavage le chemin par lequel s'exerce le droit de passage. Ne peut-il pas se soustraire à cette obligation ? (Civ. 699.)

391. Qu'adviendra-t-il si, Paul étant mort, Victor et Lucien, ses deux héritiers, se partagent entre eux la carrière par moitié ? (Civ. 700.)

392. Sylvestre est propriétaire d'un domaine avec maison d'habitation. Sur ce domaine est établi un droit de passage au profit d'un fonds appartenant à Ernest. Le chemin sur lequel s'exerce cette servitude passe à 60 mètres de la maison, Sylvestre offre à Ernest, pour l'exercice de sa servitude, un itinéraire plus éloigné de la maison, mais plus court en même temps. Ernest sera-t-il tenu de l'accepter ? (Civ. 701.)

393. Ernest veut emprunter 2,000 fr. et hypothéquer son droit de passage à la garantie de cet emprunt. Ferez-vous cet acte ? (Civ. 2118.)

SECTION IV. — COMMENT S'ÉTEIGNENT LES SERVITUDES

394. Pierre est propriétaire d'une maison qui touche au domaine de Paul. Sur la façade qui regarde ce domaine, deux fenêtres d'aspect sont établies depuis plus de quarante ans. La maison est incendiée. Pierre vend à Jacques l'emplacement. Vingt-cinq ans plus tard, Jacques réédifie la maison. Pourra-t-il ouvrir deux fenêtres d'aspect sur la façade située du côté du domaine de Paul ? (Civ. 703, 704, 707, 705.)

395. Jean, propriétaire d'un fonds à qui est due une servitude de passage par le fonds de Lucien, achète le fonds servant.

Qu'adviendra-t-il si la vente consentie par Lucien est résolue pour défaut de paiement du prix ? Qu'adviendra-t-il si Jean, ayant acquitté son prix, revend deux ans après à Ernest le fonds qu'il a acquis de Lucien ? (Civ. 705, 692 à 694.)

396. Guillaume, propriétaire d'un fonds sur lequel jaillit une source, a une servitude d'aqueduc sur le fonds de Victor. Il a également un droit de passage sur ce fonds, le long des tuyaux de conduite des eaux.

Le 1er janvier 1859, Guillaume a passé pour la dernière fois sur le sentier par lequel s'exerce son droit de passage ; mais à partir de ce moment, il a exercé son droit de passage sur une autre partie du fonds de Victor.

Le 1er janvier 1860, un journalier employé à la culture du fonds de Victor a rompu involontairement les tuyaux de conduite des eaux.

Les servitudes primitives sont-elles éteintes ? Une nouvelle servitude de passage se trouve-t-elle établie ? (Civ. 706, 707, 690, 685.)

397. Même question, en supposant que Guillaume soit décédé le 1er janvier 1870, laissant trois enfants dont deux majeurs et le troisième âgé de 12 ans. (Civ. 710.)

Même question, en supposant qu'il laisse trois enfants majeurs et que l'un d'eux exerce désormais le droit de passage le long des tuyaux de conduite des eaux, les deux autres continuant à passer sur la partie du fonds de Victor que Guillaume avait l'habitude de traverser depuis le 1er janvier 1859. (Civ. 709.)

398. Prosper avait un droit de passage complet et absolu sur un fonds appartenant à Victor : mais, depuis plus de trente ans, il n'a pu matériellement passer sur le fonds asservi que de jour et à pied : 1° parce que le passage était fermé la nuit par une porte dont il n'avait point la clef ; 2° parce que la porte établie pour l'exercice de la servitude ne s'ouvrait pas assez pour donner passage à un cheval et à une voiture. Cette servitude se trouve-t-elle partiellement éteinte ? (Civ. 708.)

399. Pierre a le droit de puiser de l'eau au puits de Paul. Il renonce à ce droit par acte notarié. Ferez-vous transcrire cet acte ? (Loi du 23 mars 1855, art. 2-4° et 3.)

400. Que serait devenue cette servitude si avant la renonciation de Pierre, Paul eût été exproprié, pour cause d'utilité publique, de la maison qu'il habite et du puits en dépendant ? (Loi du 3 mai 1841, art. 21, 23 et 39.)

28

LIVRE TROISIÈME

Des Différentes manières dont on acquiert la propriété

DISPOSITIONS GÉNÉRALES

401. Eugène chassait, vers quatre heures du soir, un cerf qui était réduit aux abois vers huit heures. Ayant cessé d'entendre ses chiens, il a pensé que le cerf était pris et s'en est allé. Cependant la bête était toujours poursuivie et s'est trouvée acculée, vers dix heures du soir, sur la crête d'une falaise, d'où elle est tombée dans la cour d'Adolphe, qui s'en est emparé. Eugène revendique la propriété du cerf. Y est-il fondé? (Civ. 713. — Loi du 3 mai 1844.)

402. Jules, en dépit d'un poteau, portant : « *Défense de chasser* », pénètre dans le domaine de Lucien et y tue un lièvre. Au moment où il veut s'en emparer, Lucien se présente et en revendique la propriété. Y est-il fondé? (Civ. 713. — Loi du 3 mai 1844, art. 1 et 11.)

403. Jean, qui chasse sans permis, s'introduit sur les terres de Jacques, sans autorisation de celui-ci, et y tire un lièvre qu'il blesse mortellement, mais dont s'empare avant lui Frédéric, qui chasse dans les mêmes conditions.

Jean, Jacques et Frédéric prétendent tous trois à la propriété de ce gibier. *Quid ?*

404. Un cours d'eau, qui n'est ni navigable ni flottable, sépare les propriétés de Pierre et de Paul. Alfred va pêcher fréquemment à la ligne sur un point situé entre ces deux propriétés. Pierre et Paul ne peuvent-ils pas l'en empêcher? (Civ. 713, 538. — Loi du 15 avril 1829, art. 2 et 5.)

405. Les propriétés de Pierre et de Paul sont séparées par une petite rivière qui n'est ni navigable, ni flottable. Ernest va pêcher en bateau au milieu du cours d'eau, soit au filet, soit à la ligne flottante. Il pêche aussi dans un étang voisin, situé sur le domaine de Paul. A qui appartient le poisson ainsi pêché?

406. Adrien va pêcher à la ligne flottante, dans un étang situé dans le domaine d'Émile. En a-t-il le droit? (Civ. 713, 538. — Loi du 15 avril 1829.)

407. Les chiffonniers deviennent-ils réellement propriétaires des choses dont ils s'emparent? (Civ. 539, 713.)

408. Antoine a fait réparer une boiserie dans une maison dont il est locataire. Pendant l'exécution des travaux, il a été découvert un certain nombre de pièces d'or à l'effigie de François Ier. Ces pièces ont été partagées entre l'ouvrier et Antoine. Le propriétaire de la maison demande à ce dernier la restitution de la somme par lui touchée. Y est-il fondé? (Civ. 716.)

409. Jean, propriétaire d'un fonds dont Louis est usufruitier, emploie, pour démolir un gros mur, trois ouvriers : Pierre, Paul et François, qui s'entendent pour faire ce travail en commun. L'un d'eux, Pierre, met à nu, en donnant un coup de pioche, un trésor que Paul aperçoit le premier, mais que François saisit avant lui.

Quels sont, sur le trésor ainsi découvert, les droits de ces cinq personnes?

Qu'adviendrait-il s'il avait été découvert par l'usufruitier, durant les travaux, à la suite de fouilles entreprises par lui dans ce but, pour son propre compte?

410. Gustave, terrassier, découvrit en 1870, dans la propriété de François, à 60 centimètres du sol, une mosaïque formant le pavage d'un édifice romain, dont les fondations existaient encore. Cette mosaïque ayant été vendue peu de temps après, Gustave actionna François en paiement de la moitié du prix de vente, en se basant sur les dispositions de l'article 716 du Code civil. Son action était-elle justifiée? (Civ. 716, 552.)

411. Ernest faisait exécuter, en 1882, des travaux à une maison lui appartenant, lorsque Ludovic, maître menuisier, en déplaçant une vieille boiserie, découvrit cinq caisses renfermant 156 rouleaux de louis, ainsi que des bijoux, le tout représentant une valeur de 400,000 fr.

Un inventaire fut dressé par deux notaires; puis cette somme fut partagée entre Ernest et Ludovic.

Les héritiers de Maxime, ancien propriétaire de la maison, mort sur l'échafaud en 1793, ayant appris cette découverte, ont introduit une action en revendication contre Ernest et Ludovic. Ils font remarquer que les rouleaux portaient les mentions manuscrites : « Vérifié. 1,200 livres. M. » et que l'écriture comparée à celle de Maxime, leur bisaïeul, démontre bien que les rouleaux ont été faits par lui.

Leur action doit-elle être favorablement accueillie? (Civ. 716, 2279.)

412. Henri est propriétaire d'un vieux château, dans lequel il suppose qu'est enfoui un trésor. Il emploie son maçon à faire des fouilles pour le découvrir, et notamment à démolir un mur dans lequel l'ouvrier trouve effectivement le trésor recherché. L'ouvrier prétend en avoir sa portion. Henri vous demande si cette prétention est fondée. (Civ. 716.)

29

413. Jeanne, votre cliente, trouve dans la rue un bracelet en or. Elle vous demande si elle peut le garder jusqu'à réclamation, et, au cas de non-réclamation, en devenir propriétaire. (Civ. 717.)

414. Adolphe, marchand de chevaux, trouve sur la voie publique un cheval égaré, dont il s'empare et qu'il revend aussitôt à Ernest, au prix de 500 francs. Trois mois plus tard, le propriétaire, qui avait promis récompense de 100 francs à qui ramènerait la bête, la revendique contre Ernest. Son action est-elle recevable? Et si oui, à quelles conditions?

Quid s'il s'était agi d'une obligation nominative de même valeur et que la réclamation n'ait été faite par le titulaire que cinq ans après la perte?

TITRE PREMIER

Des Successions

CHAPITRE PREMIER

De l'Ouverture des successions et de la saisine des héritiers

415. Deux frères, Pierre, âgé de 64 ans, et Paul, âgé de 56 ans, ont péri dans un même naufrage, sans laisser aucun parent au degré successible. Ils étaient mariés. Les deux épouses survivent. A quel moment se sont ouvertes leurs successions? Comment seront-elles dévolues? (Civ. 718 à 722, 750, 767.)

416. Jean et Raymond, cousins germains, tous deux mariés et sans parents, habitent la même maison. Celle-ci est détruite par un incendie qui prend au premier étage, habité par Jean, tandis que Raymond, au deuxième étage, est cloué dans son lit par la paralysie. Jean, âgé de 35 ans, et Raymond, âgé de 40 ans, périssent au milieu des flammes. Qui recueillera leur succession?

Quid, si Jean avait un enfant?

Quid, si Raymond avait institué sa femme légataire universelle?

417. Albert part pour l'Amérique en même temps qu'Ernest, son père; mais ils voyagent sur deux bâtiments différents qui se perdent corps et biens le même jour. Albert était marié, sans enfant. Il avait 30 ans, tandis que son père en avait 70. Qui recueille la succession d'Albert?

418. Un capitaine au long cours, âgé de 65 ans, emmène avec lui, dans un de ses voyages, sa fille âgée de 15 ans et son fils âgé de 16 ans, qui avaient déjà perdu leur mère et n'avaient plus qu'une tante maternelle. Tous trois sont assassinés par l'équipage révolté. Comment seront dévolues leurs successions?

419. Deux époux sont trouvés morts dans leur appartement. Le mari, âgé de 67 ans, avait encore son frère. La femme, âgée de 59 ans, n'avait pas de parents. Comment seront dévolues leurs successions?

420. Adrien, âgé de 40 ans, donne à un orphelin qu'il a recueilli et qui est âgé de 40 ans, une propriété rurale, sous cette condition qu'elle lui fera retour si le donataire décède sans postérité. Tous deux périssent dans l'effondrement de la maison qu'ils habitaient ensemble. Les héritiers du donateur prétendent que le domaine rural doit leur faire retour. *Quid?*

421. Qu'est-ce que la saisine? Préciser les différences qui existent entre un héritier qui a la saisine et un successeur qui ne l'a pas. (Civ. 724.)

CHAPITRE II

Des Qualités requises pour succéder

422. Alexandrine meurt, laissant comme plus proches parents deux cousins germains: Maxime et Jules, et le fils d'un autre cousin germain décédé quelques jours auparavant. La succession vaut 30,000 fr. Comment sera-t-elle dévolue? (Civ. 723.)

423. Du mariage de Paul et de Pauline sont issus deux enfants: Adolphe et Michel. Adolphe meurt. Sa succession vaut 20,000 fr. Un troisième enfant, Benjamin, naît un an après sa mort. Répartir la succession d'Adolphe. (Civ. 748, 751, 752, 725.)

424. Charles meurt sans enfant, laissant sa femme enceinte. Celle-ci accouche un mois après d'un enfant qui meurt au bout de quelques heures. La succession de Charles vaut 80,000 fr. Comment sera-t-elle dévolue, étant expliqué que Charles n'avait plus d'ascendants, mais a laissé un frère?

Quid si Charles n'avait point de frère, mais a laissé son père et sa mère? (Civ. 725, 746, 755, al. 2, 767.)

425. Jean, marié avec Jeanne, est mort le 1er juillet 1892. Il ne laisse point de parents au degré successible. La succession vaut 30,000 fr. Le 24 avril 1893, Jeanne met au monde un enfant. Comment sera dévolue la succession de Jean? (Civ. 725, 315, 767.)

30

426. Louis et Louise ont deux enfants : Pierre et Marguerite. Pierre meurt le 1er janvier et Louise met au monde un nouvel enfant, Jacques, le 29 juin suivant (première hypothèse) ; le 1er novembre (deuxième hypothèse).

Comment dans ces deux hypothèses se partage la succession ?

Quid si c'était Louis qui fût mort le 1er janvier, et que Jacques vint à naître le 27 octobre ?

427. Un homme meurt laissant des biens d'une valeur de 60,000 fr., situés en France, et d'autres, situés en Angleterre, d'une valeur de 40.000 fr. Ses héritiers sont deux enfants, dont l'un est Français et l'autre Anglais, par suite de naturalisation.

D'après la loi française, les deux enfants doivent succéder par portions égales ; mais la loi anglaise, on le suppose, attribue tous les biens situés en Angleterre au cohéritier anglais à l'exclusion du français.

Quels seront les droits de ce dernier sur les biens de France ? (Civ. 726. — Loi du 14 juillet 1819, art. 2.)

428. Modifions un peu l'espèce précédente. Les deux enfants du défunt sont l'un et l'autre Français. La loi anglaise, on le suppose, attribue tous les biens situés en Angleterre à l'aîné. Le puîné pourra-t-il, pour rétablir à son profit l'égalité voulue par la loi française, opérer sur les biens situés en France le prélèvement autorisé par l'article 2 de la loi du 14 juillet 1819 ?

429. Supposons enfin, modifiant une dernière fois notre espèce, que les deux enfants appelés à la succession soient Anglais. La loi anglaise attribue par hypothèse tous les biens situés en Angleterre à l'aîné.

Le puîné pourra-t-il opérer sur les biens situés en France le prélèvement autorisé par l'article 2 de la loi du 14 juillet 1819 ? (Civ. 3.)

430. Paulin a tué par imprudence, dans une partie de chasse, son frère, dont il est l'unique héritier. Il a été condamné pour ce délit à six mois de prison. Sera-t-il exclu de la succession de son frère ? (Civ. 727.)

431. Jean et Jacques sont cousins germains et héritiers présomptifs l'un de l'autre. Ils se battent en duel, Jean tue Jacques. Pourra-t-il recueillir la succession de ce dernier ? (Civ. 727.)

432. Jules a dénoncé Urbain, son oncle, comme auteur d'un assassinat. Urbain a été condamné à vingt ans de travaux forcés. On demande si, après une telle dénonciation, Jules aura droit à la succession d'Urbain dont il est l'unique héritier présomptif. Que décider si Urbain eût été acquitté. (Civ. 727.)

433. Adolphe est mort empoisonné, laissant pour seul héritier son frère Lucien, âgé de 20 ans. Celui-ci, instruit du crime, ne le dénonce point à la justice. Deux ans après, le crime est découvert. Lucien sera-t-il exclu de la succession de son frère ?

Que décider si le crime a été commis par l'épouse de Lucien ? (Civ. 727, 728.)

434. Adrien a été assassiné. Il laisse pour seul héritier son fils Pierre. Sa succession comprend une maison louée 2,000 fr. par an et un vignoble. Deux ans après, le crime, ignoré jusqu'alors, est découvert : le meurtrier d'Adrien n'est autre que son fils Pierre.

Ce dernier sera-t-il exclu de la succession d'Adrien ? Si oui, que devra-t-il restituer ? La vente et l'hypothèque seront-elles maintenues ? (Civ. 729, 1382, 1167.)

435. François a été assassiné le 15 juillet 1880. Il laisse pour seul héritier son fils Ernest, majeur. Sa succession comprend un chalet sis à Arcachon, donnant un revenu annuel de 4,000 fr., et diverses créances produisant 1,000 fr. d'intérêts par année.

Le crime n'est découvert qu'en 1883. Le criminel, aussitôt arrêté, est traduit devant la Cour d'assises. Des débats, il résulte qu'Ernest, instruit du meurtre de son père, ne l'a point dénoncé à la justice. Il est déclaré indigne. Ernest a deux enfants : Jean, né le 20 septembre 1890, et Jeanne, née le 1er avril 1893. Que deviendra la succession de François ? (Civ. 727, 725, 730, 384 et s.)

CHAPITRE III

Des Divers ordres de succession

SECTION I. — DISPOSITIONS GÉNÉRALES

436. Louis, veuf avec un fils, Albert, épouse en deuxièmes noces Louise, qui est elle-même veuve avec un fils Lucien. De ce mariage naissent deux enfants : Pierre et Pauline.

Indiquer le frère consanguin, le frère utérin et le frère germain de Pauline. Sont-ils parents de Pauline en ligne directe ou en ligne collatérale ? A quel degré ? Existe-t-il quelque parenté ou alliance entre Albert et Lucien ? Supposons que Louise, au moment de son mariage avec Louis, soit veuve avec une fille Lucie (et non un fils Lucien.) Albert et Lucie pourraient-ils se marier ensemble ? (Civ. 735 à 738.)

437. Le frère de ma mère a un fils, Henri. Henri est-il mon parent paternel ou un parent maternel ? Suis-je pour Henri un parent maternel ou un parent paternel ?

Henri est mon cousin germain. Le mot germain signifie-t-il ici que Henri est mon parent, tout à la fois du côté paternel et du côté maternel ? A quel degré sommes-nous parents ? (Civ. 738.)

31

438. Maxime est décédé laissant comme plus proches parents :

1° Son fils ; 2° son père et sa mère, un frère et une sœur ; 3° son aïeul paternel et son aïeule maternelle ; 4° un oncle paternel et une tante maternelle.

Indiquer les parents en ligne directe, les parents en ligne collatérale, le degré de parenté (Civ. 735 à 738.)

La succession vaut 80,000 fr. A qui sera-t-elle dévolue? (Civ. 731, 745.)

Même question, en supposant que Maxime ne laisse point de fils. (Civ. 731, 748, 751.)

Même question, en supposant que le fils et le père de Maxime soient prédécédés. (Civ. 731, 748, 749, 751, 752.)

Même question, en supposant que le fils, le père et la mère de Maxime soient prédécédés. (Civ. 731, 750.)

439. Même question, en supposant que le fils, le père, la mère, le frère et la sœur de Maxime soient prédécédés. (Civ. 731, 733, 746.)

Même question, en supposant que le fils, le père, la mère, le frère, la sœur et l'aïeul paternel de Maxime soient prédécédés. (Civ. 731, 733, 733.)

Même question, en supposant que le fils, le père, la mère, le frère, la sœur, l'aïeul paternel et l'aïeule maternelle de Maxime soient prédécédés. (Civ. 731, 733.)

440. Même question, en supposant que le fils, le frère, la sœur, le père et l'aïeul paternel de Maxime soient prédécédés.

Même question, en supposant que le fils, le frère, la sœur et le père de Maxime soient prédécédés.

441. Antoine est décédé ne laissant ni postérité, ni frère, ni sœur, ni descendants d'eux. Ses père et mère sont morts avant lui. Ses ascendants survivants sont : son aïeul maternel, son aïeul paternel et le père de son aïeule paternelle. Sa succession vaut 60,000 fr. La répartir. (Civ. 734.)

Même question, en supposant qu'Antoine ne laisse aucun parent au degré successible du côté maternel. (Civ. 733.)

SECTION II. — DE LA REPRÉSENTATION

442. Jean est décédé, laissant un fils, Adolphe, et deux petits-fils, Charles et Daniel, issus d'un fils prédécédé, Bernard. La succession vaut 30,000 fr. La répartir. (Civ. 740, 743.)

443. Jean laisse cinq petits-enfants, dont deux, Cyprien et Denis, issus d'Amélie, prédécédée, et les trois autres, Eugène, François et Georges, issus de Benoît, prédécédé également. La succession vaut 30,000 fr. La répartir. (Civ. 740, 743.)

444. Supposons, modifiant un peu l'espèce précédente, que Benoît n'ait laissé en mourant que deux enfants, Eugène et François. Le *de cujus* laisse donc quatre petits-enfants dont deux issus d'Amélie, prédécédée, et deux de Benoît, prédécédé également. Les quatre petits-enfants viendront-ils de leur chef et partageront-ils par tête? Ou bien faudra-t-il maintenir encore dans cette hypothèse le principe de la représentation et le partage par souche qu'elle engendre? (Civ. 740, 743, 848.)

445. Jean laisse trois petits-enfants, Charles, Daniel, Ernest, issus d'André, prédécédé ; un autre petit-fils, François, issu de Bernard, prédécédé également ; et enfin trois arrière-petits-enfants : Henri, Ignace et Louis, issus de Gratien, frère prédécédé de François. La succession vaut 60,000 fr. La répartir. (Civ. 740, 743.)

446. Jean laisse deux fils, Adrien et Benoît. Adrien a un fils, Charles ; Benoît a un fils, Eugène, et deux petits-enfants, François et Georges, issus d'un fils prédécédé, Daniel. La succession de Jean vaut 12,000 fr. Adrien y a renoncé ; Benoît a été condamné aux travaux forcés à perpétuité pour avoir donné la mort à son père. Répartir cette succession. (Civ. 744, 727.)

Que décider si, au lieu de supposer Adrien renonçant, on le suppose prédécédé? (Civ. 740, 744, 727.)

447. Auguste est décédé, laissant un frère, Louis, et trois nièces : Madeleine, Émilie et Juliette, issues d'une sœur prédécédée, Clémentine. La succession vaut 30,000 fr. La répartir. (Civ. 742, 743.)

448. Auguste laisse quatre neveux dont un, Henri, issu d'une sœur prédécédée, Lucie, et les trois autres, Etienne, Yves et Roger, issus d'un frère également prédécédé, Gustave. Sa succession vaut 30,000 fr. La répartir. (Civ. 742, 743.)

449. Auguste laisse trois nièces : Charlotte, Jeanne et Pauline, issues d'une sœur prédécédée, Françoise ; un neveu, Guillaume, issu d'une autre sœur, également prédécédée, Suzanne, et enfin, deux petits-neveux, Ernest et Xavier, issus de William, frère prédécédé de Guillaume. Sa succession vaut 66,000 fr. La répartir. (Civ. 742, 743.)

450. Auguste laisse deux neveux, Étienne et Raymond. Étienne a un fils, Henri ; Raymond a un fils, Lucien, et deux petites-filles, Yvonne et Thérèse, issues d'une fille prédécédée, Marguerite. La succession d'Auguste vaut 27,000 fr. Étienne y a renoncé ; Raymond a été condamné à vingt ans de travaux forcés pour avoir donné la mort à Auguste. Répartir cette succession. (Civ. 742, 744, 727.)

Que décider si, au lieu de supposer Etienne renonçant, on le suppose prédécédé? (Civ. 742, 744, 727.)

451. Théodore est décédé, laissant un frère, Adrien, et un neveu, Paul, issu d'une sœur prédécédée, Henriette. Sa succession vaut 300,000 fr. Comment sera-t-elle dévolue, Paul ayant renoncé à la succession de sa mère, Henriette? (Civ. 742, 744.)

32

452. Emile est décédé, laissant sa mère, son aïeule paternelle, le père et la mère de son aïeul paternel. Sa succession vaut 72,000 fr. La répartir. (Civ. 741.)

453. Emile est décédé, laissant un oncle paternel, Louis, un oncle maternel, Henri, et un cousin germain, Pierre, fils d'une tante maternelle prédécédée, Germaine. Sa succession vaut 40,000 fr. La répartir. (Civ. 733, 742.)

454. Jean meurt, laissant deux enfants, Pierre et Paul. Paul est absent; il a trois enfants. La succession de Jean vaut 60,000 fr. La répartir. (Civ. 136, 744.)

455. Jean meurt, laissant deux enfants, Pierre et Paul. Paul est indigne; il a trois enfants: La succession de Jean vaut 60,000 fr. La répartir.
Même question en supposant que Paul soit prédécédé.

456. Louis est mort le 15 avril 1894. Il avait trois fils : Pierre, décédé le 1er juin 1880; Paul, décédé le 3 du même mois, et Jean, décédé le 20 du même mois.
Pierre a laissé une fille, Lucie, qui a renoncé à sa succession.
Paul a laissé un fils, Hector, qui a été écarté de sa succession comme indigne.
Jean avait une fille, Marie, qui est morte le 15 octobre 1892, laissant un fils, Adolphe, né le 1er septembre 1888, et une fille, Marguerite, née le 10 novembre 1890.
La succession de Louis vaut 60,000 fr. La répartir.

457. Jean meurt. Il avait un fils adoptif, Jacques; un fils légitime, Lucien, et un fils naturel reconnu avant son mariage, Louis.
Jacques est prédécédé, laissant deux fils légitimes, Ernest, né avant l'adoption, et Eugène, né depuis l'adoption. Lucien survit.
Louis est prédécédé, laissant deux enfants légitimes : Marie et Jeanne.
La succession de Jean vaut 90,000 fr. La répartir.

458. Adrien meurt. Il avait deux enfants, Pierre et Paul. Pierre est prédécédé, laissant un fils adoptif, Jules; Paul survit. La succession vaut 60,000 fr. La répartir.

459. Même question, en supposant que Jules soit fils naturel reconnu de Pierre. (Civ. 757.)

460. Jean meurt, laissant un frère germain, Adolphe; Louise, fille d'une sœur germaine; Ernestine, fille d'un frère utérin: Pierre et Paul, fils d'un frère consanguin. Sa succession vaut 60,000 francs. La répartir. (Civ. 750 à 752, 742.)

SECTIONS III, IV et V. — DES SUCCESSIONS DÉFÉRÉES AUX DESCENDANTS. — DES SUCCESSIONS DÉFÉRÉES AUX ASCENDANTS. — DES SUCCESSIONS COLLATÉRALES

461. Maxime s'est marié successivement avec Hélène et Marie; Il a survécu à l'une et à l'autre. Il meurt, laissant deux enfants de son premier mariage, Jean et Jeanne, et trois enfants de son second, Paul, Lucie et Pierre. Sa succession vaut 50,000 fr. La répartir. (Civ. 745, al. 1.)
Répartir cette succession en supposant que Jean soit prédécédé, laissant lui-même deux filles. (Civ. 745, al. 2.)

462. Roger est décédé, laissant un fils légitime, Antoine; un fils légitime, François; Jacques et Lucien, issus d'une fille légitimée, prédécédée; Louise, Madeleine et Pauline, issues d'un fils adoptif, prédécédé également. Sa succession vaut 120,000 fr. La répartir. (Civ. 745, 333, 350.)

463. Jacques est décédé, laissant son aïeul paternel, ses deux aïeuls maternels et une sœur germaine. Sa succession vaut 10,000 fr. A qui sera-t-elle dévolue? (Civ. 750, al. 1.)

464. Alexandre est décédé, laissant un oncle paternel et un frère utérin. Sa succession vaut 40,000 fr. Comment sera-t-elle dévolue? (Civ. 733, 750, al. 1, et 752 in fine.)

465. Jules est décédé, laissant son aïeul maternel, une tante paternelle, et deux neveux, Pierre et François, issus d'un frère consanguin prédécédé. Sa succession vaut 50,000 fr. Comment sera-t-elle dévolue? (Civ. 733, 750, al. 1, et 752 in fine.)

466. Emile est décédé, laissant son père, sa mère et un frère germain. Sa succession vaut 12,000 fr. La partager. (Civ. 748, 749, 751.)
Qu'adviendra-t-il si le père renonce à la succession? (Civ. 749, 785.)

467. Adolphe laisse son père, sa mère et une sœur utérine. Sa succession vaut 20,000 fr. La partager. (Civ. 733, 748, 749, 751.)

468. Adrien laisse son père, un frère consanguin et son aïeul maternel. Sa succession vaut 40,000 fr. La partager. (Civ. 733, 748, 749, 751.)

469. Gustave laisse, outre son père et sa mère, un frère germain, un frère utérin et un frère consanguin. Sa succession vaut 24,000 fr. La partager. (Civ. 751, 752.)
Comment sera dévolue cette succession, si le frère consanguin est prédécédé, laissant deux enfants, Pierre et Lucien. (Civ. 742.)

470. Émile laisse ses deux aïeuls paternels et son aïeul maternel. Sa succession vaut 20,000 fr. La partager. (Civ. 733, 746.)

471. Louise laisse son aïeule paternelle, le père et la mère de son aïeul maternel, et le père de son aïeule maternelle. Sa succession vaut 60,000 fr. La partager. (Civ. 733, 734, 746.)

33

472. Étienne laisse un oncle dans la ligne paternelle et trois cousins germains dans la ligne maternelle. Un quatrième cousin germain maternel est prédécédé, laissant deux enfants, Pierre et Paul. La succession d'Etienne vaut 30,000 fr. La partager. (Civ. 733, 753, 742.)

473. Aristide laisse son aïeul paternel et deux tantes maternelles. Sa succession vaut 12,000 fr. La partager. (Civ. 733, 753.)

474. Thérèse laisse sa mère et son oncle paternel. Sa succession vaut 60,000 fr. La partager. Comment sera dévolue cette succession, si Thérèse laisse comme héritières sa mère et son aïeule paternelle ? (Civ. 733, 753, 754.)

475. Frédéric est décédé sans laisser aucun parent au degré successible dans la ligne maternelle. Son père lui a survécu. Sa succession vaut 16,000 fr. Que deviendra-t-elle ? (Civ. 733, al. 3, et 755.)

476. Xavier décède laissant :
1° Emile, son arrière-petit-fils, fils de Daniel, indigne ;
2° François, son petit-fils, fils de Bernard, renonçant ;
3° Isidore, son descendant au quatrième degré, arrière-petit-fils de Charles, indigne.
Isidore a renoncé à la succession de Gabriel, son grand-père.
Comment se répartit la succession de Xavier ?

477. Xavier décède laissant :
1° Daniel, son neveu, fils de son frère Adrien, lequel Adrien renonce à la succession :
2° Fernand et Gabriel, ses neveux, fils d'un autre frère, Bernard, mort avant lui et qui avait été condamné pour avoir commis envers Xavier un fait d'indignité ;
3° Son petit-neveu Louis, petit-fils de Charles, indigne, et fils de Henri, absent.
Comment se répartit la succession de Xavier ?

478. Xavier a eu trois fils : Adolphe, Bernard et Charles.
Adolphe est resté célibataire.
Bernard et Charles se sont mariés. Bernard a eu un fils, Daniel, et Charles une fille, Françoise.
Daniel et sa cousine germaine Françoise se sont mariés ensemble et ont eu un enfant, Henri.
Xavier décède laissant : 1° Adolphe, son fils ; 2° Henri, son arrière-petit-fils.
Bernard, Charles, Daniel et Françoise sont prédécédés.
Comment se répartit la succession de Xavier, étant expliqué que Henri n'a été conçu qu'après la mort de Bernard ?

479. Xavier décède laissant :
1° Son père Adrien, qui renonce à sa succession :
2° Son oncle paternel Fernand ;
3° Charles indigne, enfant du premier lit de sa mère prédécédée ;
4° Daniel, fils du précédent.
A qui la succession de Xavier est-elle dévolue ?

480. Xavier décède laissant :
1° Sa mère, Bernardine ;
2° Jean, fils adoptif de son enfant légitime Yves, prédécédé :
3° Son frère germain, Charles ;
4° Son frère utérin, François ;
5° Son frère consanguin, Daniel ;
6° Henri, fils légitime de son frère adoptif, prédécédé, Gabriel.
A qui la succession de Xavier sera-t-elle dévolue ?

SECTION IV. — Des successions déférées aux enfants naturels légalement reconnus
ET DES DROITS DE LEUR PÈRE ET MÈRE DANS LEUR SUCCESSION

481. Théodore est décédé, laissant une fille légitime, Ernestine. Il avait un fils, Joseph, qui est prédécédé, laissant un enfant naturel reconnu, qui a survécu à Théodore. La succession de ce dernier vaut 60,000 fr. A qui sera-t-elle dévolue ? (Civ. 745, 757, 739.)

482. Antoinette est décédée, laissant un fils légitime, Pierre, et une fille naturelle, Lucie, qu'elle a reconnue depuis la mort de son mari. Sa succession se compose d'un domaine rural estimé 60,000 fr., d'objets mobiliers évalués 4,000 fr., et de valeurs de Bourse s'élevant à 56,000 fr. Comment sera-t-elle dévolue ? (Civ. 756, 758, 745, 337.)
Lucie pourra-t-elle réclamer sa part des biens héréditaires en nature ? Pourra-t-elle provoquer le partage ? (Civ. 815.)
Si Pierre cède ses droits successifs, pourra-t-elle exercer le retrait successoral ? (Civ. 841.)
A partir de quel jour a-t-elle droit aux fruits des biens composant sa part ? (Civ. 547.)

483. Adrien meurt, laissant un fils légitime, Gabriel ; trois petits-fils issus d'un autre fils prédécédé, Ernest, et une fille naturelle, Louise. Sa succession vaut 72,000 fr. La partager. (Civ. 745, 740, 758, 337.)
Que décider si, au lieu de supposer Ernest prédécédé, on le suppose renonçant ou indigne ? (Civ. 744.)

484. Pierre meurt, laissant une fille légitime, Amélie, et deux fils naturels, Jacques et Roger. Sa succession vaut 90,000 fr. La partager. (Civ. 758, 745, 337.)

34

485. Étienne meurt, laissant son père, deux frères germains et un enfant naturel. Sa succession vaut 16,000 fr. La répartir. (Civ. 751, 759, 337.)

Même question, en supposant qu'Étienne laisse son aïeul maternel, ses quatre bisaïeuls paternels et deux enfants naturels. (Civ. 746, 733, 734, 759, 337.)

Même question, en supposant qu'Étienne laisse son aïeul maternel, un frère germain, un frère consanguin, une sœur utérine et un enfant naturel. (Civ. 733, 750, 752, 759, 337.)

486. Alexandre meurt, laissant un neveu et un enfant naturel. Sa succession vaut 40,000 fr. La partager. (Civ. 750, 759.)

487. Ludovic meurt, laissant un oncle paternel, une tante maternelle et un enfant naturel. Sa succession vaut 12,000 fr. La partager.

Même question, en supposant que Ludovic a laissé un oncle paternel, une tante maternelle et trois enfants naturels. (Civ. 753, 760.)

488. Henri meurt, laissant son père, un cousin maternel et un enfant naturel. Sa succession vaut 80,000 fr. La partager. (Civ. 753, 754, 759, 760.)

Même question, en supposant qu'Henri laisse son père et une fille naturelle et qu'il n'ait point de parents dans la ligne maternelle. (Civ. 759, 755.)

489. Auguste a un fils, Adolphe, d'un premier mariage. Il épouse en deuxièmes noces Lucie, et de ce deuxième mariage naît une fille, Alexandrine.

Au cours de ce deuxième mariage il reconnaît un enfant naturel, André, qui a pour mère Jeanne, célibataire, et dont Auguste est devenu père pendant son veuvage.

Auguste meurt, laissant sa veuve, Lucie, ses deux enfants légitimes et son fils naturel. Sa succession vaut 180,000 fr. La partager. (Civ. 337, 758, 767.)

490. Même question, en supposant que Lucie et André aient seuls survécu à Auguste, et qu'Auguste ne laisse aucun parent légitime au degré successible. (Civ. 337, 767.)

491. Charles avait deux enfants naturels reconnus, Pierre et Paul. Pierre est prédécédé, laissant trois filles légitimes, Louise, Marie et Ernestine. Charles meurt, laissant un frère, François; un enfant naturel, Paul, et les trois filles légitimes de son fils naturel, prédécédé. Sa succession vaut 120,000 fr. La partager. (Civ. 759, 761.)

492. Même question, en supposant que Louise, Marie et Ernestine soient filles naturelles de Pierre, au lieu d'être ses filles légitimes. (Civ. 757.)

493. Antoine laisse un frère et un enfant naturel. Il a donné à ce dernier 15,000 fr., par préciput. On trouve dans la succession 15,000 fr. de biens existants. Composer la masse. Déterminer la part du frère et celle de l'enfant naturel. (Civ. 908, 759, 843.)

494. Gustave laisse deux enfants légitimes et un enfant naturel reconnu avant son mariage. A l'un des enfants légitimes il a donné 20,000 fr.; à l'enfant naturel 5,000 fr. On trouve dans la succession 65,000 fr. de biens existants. Composer la masse héréditaire. Déterminer la part de chaque enfant. (Civ. 758, 857, 760.)

495. Bernard a été inscrit aux actes de l'acte civil sur la déclaration de Jules, comme né du déclarant et de Louise, non mariés. Mais en réalité à l'époque de la naissance et de la conception de Bernard, Louise était mariée avec Louis. Jules meurt, laissant un oncle paternel et une tante maternelle. Bernard lui survit.

La succession de Jules vaut 50,000 fr. La répartir. (Civ. 753, 762, 763, 335.)

Jules a institué Bernard pour son légataire universel. Que deviendra cette succession ? (Civ. 908, 335.)

496. Répondre aux deux questions posées sous le numéro précédent, en supposant que Louis ait obtenu un jugement de désaveu, conformément à l'article 312 du Code civil. (Civ. 762, 763, 908.)

497. Maxime épouse Thérèse. De ce mariage naît un fils, Roger; quelque temps après, ce mariage est annulé comme ayant été contracté entre un oncle et sa nièce. Maxime fait apprendre à Roger le métier de forgeron. Puis il meurt, laissant ses père et mère. Sa succession vaut 800,000 fr. La répartir. (Civ. 163, 746, 764.)

498. *Quid* si les deux époux étaient de bonne foi ? (Civ. 201.)

499. Le mariage a été contracté de bonne foi par les deux époux. Sa nullité a été prononcée. Puis, Maxime a contracté un mariage valable avec Louise. Maxime meurt, laissant sa veuve, Louise, le conjoint putatif, Thérèse, et l'enfant né du mariage putatif, Roger. Sa succession vaut 800,000 fr. La répartir.

Du mariage valable il n'y a pas d'enfants (première hypothèse); il y a un enfant (deuxième hypothèse). (Civ. 201, 767, 745.)

500. Supposons que le conjoint putatif soit prédécédé. Comment se répartira la succession si le *de cujus* laisse sa veuve, Louise, l'enfant né du mariage putatif, Roger, et six enfants nés du mariage valable ? La veuve aura-t-elle l'usufruit du quart ou seulement l'usufruit d'une part d'enfant légitime ? (Civ. 767, 201 et 202.)

501. Eugène, enfant adultérin, meurt, laissant sa veuve, un enfant légitime, et ses père et mère. Sa succession vaut 30,000 fr. A qui sera-t-elle dévolue ? (Civ. 745, 767.)

Même question, en supposant que l'enfant légitime d'Eugène soit prédécédé. (Civ. 767.)

Même question, en supposant que l'enfant légitime et l'épouse d'Eugène soient tous les deux prédécédés. (Civ. 768.)

35

502. Adrien, enfant naturel, meurt, laissant ses père et mère et un fils légitime. Sa succession vaut 40,000 fr. A qui sera-t-elle dévolue?

Même question, en supposant qu'Adrien laisse ses père et mère et un enfant naturel. (Civ. 765, 759.)

503. Ernest, enfant naturel, meurt, laissant ses père et mère, Paul et Pauline. Il avait un fils légitime, Lucien, qui est prédécédé, laissant une fille naturelle, Jacqueline, laquelle survit à Ernest. La succession d'Ernest vaut 60,000 fr. A qui sera-t-elle dévolue? (Civ. 765, 757.)

Même question, en supposant seulement que Jacqueline soit fille légitime de Lucien et que Lucien soit fils naturel d'Ernest. (Civ. 765, 761.)

504. Suzanne, fille naturelle, est décédée sans postérité, laissant ses père et mère. Sa succession vaut 12,000 fr. La partager. (Civ. 765.)

Indiquer les formalités à remplir par les successeurs avant de l'appréhender. (Civ. 765.)

Même question, en supposant que Suzanne n'ait été reconnue que par sa mère. (Civ. 765.)

Si Suzanne a été mariée et si son mari lui a survécu, quels seront dans l'une et l'autre hypothèse les droits de ce dernier? (Civ. 767.)

505. Jean, fils naturel reconnu de Lucie, s'est marié avec Jeanne. De ce mariage est né un fils, Hector. Hector meurt. Sa succession, composée exclusivement de biens provenant de son travail et de ses économies, vaut 40,000 fr. La répartir. Lucie, Jean et Jeanne survivent.

Même question, en supposant que Jean soit prédécédé. (Civ. 765.)

506. Xavier meurt laissant :

1° Son fils légitime Charles, qui renonce à la succession et a pour petit-fils légitime Henri, issu de Gabriel, enfant légitime prédécédé de Charles ;

2° Son autre fils légitime, Daniel, indigne, qui a pour enfants légitimes Étienne et Fernand ;

3° Louis et Isidore, le premier, enfant légitime, et le deuxième, enfant naturel d'Adrien, enfant naturel prédécédé du *de cujus* ;

4° Benoît, son enfant naturel, qui renonce à la succession et a pour enfant légitime Michel. La succession de Xavier vaut 90,000 fr. La répartir.

507. Xavier meurt, laissant un enfant légitime, André, et trois enfants naturels, Bernard, Camille et Denis. Le montant de sa succession est de 48,000 fr. Comment se répartit-elle ?

508. Xavier décède laissant :

1° Arnaud, son père ;

2° Maurice et Noémie, ses enfants naturels ;

3° Charles, son frère, qui renonce, et Etienne, son neveu, fils de Charles ;

4° Daniel, son autre frère, indigne, et François, son neveu, fils de Daniel.

Comment se répartit la succession?

APPENDICE

Du Retour successoral ou retour légal

SUCCESSIONS ANOMALES (Civ. 351, 352, 747, 766).

509. Albert a fait donation entre vifs d'une maison à son petit-fils Maurice. Celui-ci prédécède sans postérité. Sa succession comprend, indépendamment de la maison donnée, qui est estimée 12,000 fr., des valeurs mobilières s'élevant à 40,000 fr. Maurice laisse son aïeul Albert, son père et son frère. Partager sa succession. (Civ. 731, 747, 732.)

510. Supposons, modifiant un peu l'espèce précédente, qu'Albert ait, du vivant de Maurice, expressément renoncé, par acte notarié, à son droit de retour. Comment sera dévolue la succession de Maurice? Comment sera-t-elle dévolue, si Albert, au lieu de renoncer à son droit de retour, l'a cédé à Emile du vivant de Maurice, moyennant un prix à forfait de 1,500 fr. (Civ. 791.)

511. Jean a fait donation d'une maison à son fils naturel reconnu, Adolphe.

Adolphe meurt laissant son père naturel, Jean, et sa mère naturelle, Jeanne.

Sa succession vaut 100,000 fr., y compris la maison donnée, estimée 40,000 fr. Répartir cette succession. (Civ. 747.)

512. Paul a reconnu un enfant naturel, Jean, qui s'est marié avec Jeanne, et qui est mort laissant un enfant légitime, Lucien. Lucien vient lui-même à mourir avant Paul. Il laisse sa mère, Jeanne, et son aïeul naturel, Paul. Sa succession vaut 80,000 fr. La répartir. (Civ. 746.)

Même question, en supposant que Paul ait fait donation à Lucien d'une maison estimée 30,000 fr., comprise parmi les 80,000 fr. de biens laissés par Lucien. (Civ. 747.)

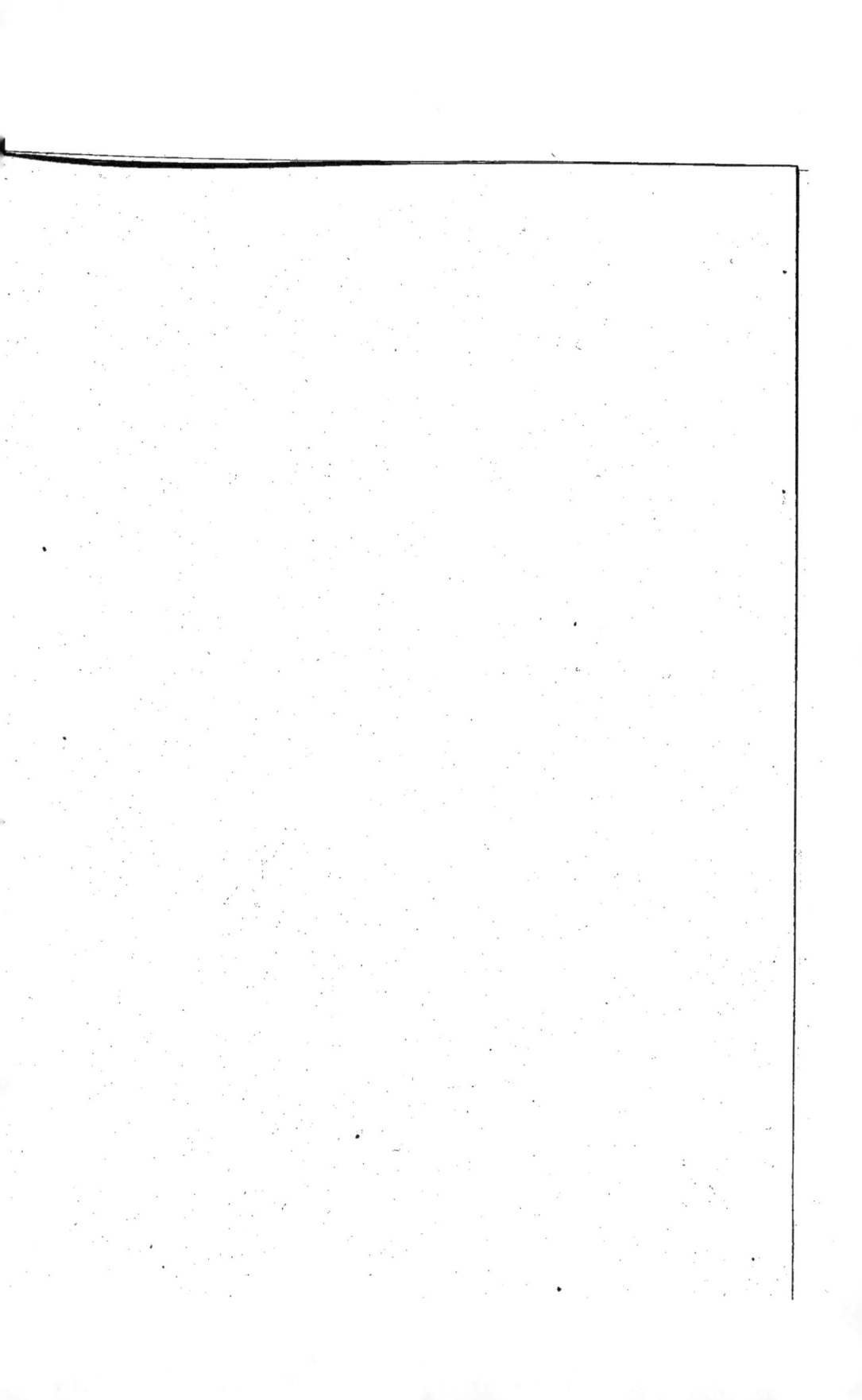

36

513. Adolphe a un fils légitime, Pierre. Pierre a un fils naturel reconnu, Adrien.

Adolphe a fait donation à Adrien d'une maison. Adrien meurt sans descendants légitimes, légitimés, adoptifs ou naturels. Il n'a été reconnu que par son père, Pierre. Il ne laisse pas de conjoint survivant.

Sa succession vaut 100,000 fr., y compris la maison donnée par Adolphe, qui est estimée 40,000 fr. La répartir. (Civ. 747.)

514. Adolphe, fils naturel reconnu de Paul et de Pauline, décède, laissant pour lui succéder son père et sa mère. Sa succession comprend, indépendamment d'un domaine estimé 100,000 fr. que lui avait donné son père, des valeurs de Bourse s'élevant à 20,000 fr. Comment sera-t-elle dévolue? (Civ. 747, 765.)

Même question, en supposant qu'Adolphe ait été légitimé, postérieurement à la donation du domaine, par le mariage subséquent de ses père et mère. (Civ. 333.)

515. L'aïeule, le père et l'oncle de Frédéric, lui ont donné par contrat de mariage : le premier, une maison, le second, une créance de 15,000 fr., et le troisième, une prairie. Frédéric décède avant les trois donateurs, mais ayant deux fils et une fille. Les deux fils sont déclarés indignes de succéder à leur père ; la fille renonce à la succession. On demande si les trois donateurs pourront exercer le droit de retour. (Civ. 747, 727, 785.)

516. Gustave a fait donation entre vifs à son petit-fils François, d'un vignoble estimé 20,000 fr. François, mauvais administrateur, laisse ce domaine en friche, puis arrache les vignes. Il concède un droit de passage sur ce domaine au profit d'un champ voisin appartenant à Hector.

Il meurt, laissant son père, sa mère et son aïeul Gustave. Sa succession comprend, indépendamment du domaine donné qui ne vaut plus que 8,000 fr., des valeurs mobilières s'élevant à 34,000 fr. Comment sera-t-elle dévolue? Gustave n'aura-t-il point droit à une indemnité ?

Supposons à l'inverse que François cultive avec soin le vignoble et y fasse construire une maison de maître et des dépendances, de telle sorte qu'à son décès, le domaine soit estimé 40,000 fr. Gustave devra-t-il une indemnité ? (Civ. 747.)

517. Jacques a fait donation d'une maison à son petit-fils Lucien. Celui-ci décède, laissant son père, sa mère et son aïeul Jacques. L'actif de la succession, y compris le bien donné, vaut 100,000 fr. La valeur de la maison donnée est de 25,000 fr. Le passif de la succession s'élève à 40,000 fr. Par qui ce passif sera-t-il payé ? Si le passif s'élevait à 112,000 fr., qui devrait le supporter ? (Civ. 747, 724.)

518. Émile a fait donation d'une prairie à son arrière-petite-fille Juliette. Celle-ci décède sans postérité, laissant son bisaïeul Émile, un frère, Paul, et une sœur, Adrienne. Sa succession comprend, indépendamment de la prairie donnée, des immeubles et des créances valant environ 50,000 fr. Adrienne cède ses droits successifs à Louis, moyennant un prix de 22,000 fr. Émile pourra-t-il exercer le retrait successoral? (Civ. 841.)

Si Adrienne, au lieu de céder ses droits, renonce à la succession, qui profitera de sa part ? Y aura-t-il lieu dans ce cas de procéder à un partage? (Civ. 786, 815.)

519. Pierre a fait donation à son fils Jules d'une maison. Jules prédécède laissant comme héritiers, outre son père, sa mère et un frère. Sa succession, indépendamment de la maison donnée, qui vaut 40,000 fr., se compose de valeurs mobilières s'élevant à 36,000 fr. Pierre peut-il accepter la succession anomale et renoncer à la succession ordinaire? Peut-il à l'inverse accepter la succession ordinaire et répudier la succession anomale? (Civ. 747.)

520. Ferdinand meurt laissant pour héritiers son père et sa mère. Sa succession se compose exclusivement d'une maison estimée 60,000 fr., des meubles qui la garnissent, estimés 40,000 fr., le tout ayant été donné à Ferdinand par son père, en outre, d'une montre en or d'une valeur de 500 fr. donnée à Ferdinand par sa mère, à l'occasion du jour de l'an. Comment cette succession sera-t-elle dévolue? (Civ. 747, 852.)

521. Etienne a fait donation à sa fille Jeanne d'une maison. Jeanne meurt, laissant son père, sa mère et un fils, Maxime. La maison donnée compose tout son avoir. Maxime renonce à la succession. Le droit de retour successoral s'ouvrira-t-il au profit d'Etienne? (Civ. 747, 785.)

Que décider si Maxime accepte la succession, puis vient à mourir avant Etienne, sans laisser de descendant?

522. Jacques a fait donation à son fils Lucien d'un domaine estimé 30,000 fr. Lucien meurt, laissant son père, sa mère et une fille adoptive, Emilie. Sa succession, y compris le bien donné, vaut 40,000 fr. A qui sera-t-elle dévolue? (Civ. 747, 350.)

523. Supposons, modifiant sur un seul point l'espèce précédente, que Lucien, au lieu de laisser une fille adoptive, ait laissé un fils naturel, Paul. Répartir sa succession. (Civ. 747,759.)

524. William a fait donation à son petit-fils Prosper d'un domaine estimé 15,000 fr. Prosper meurt, laissant son aïeul et un frère. Sa succession, y compris le bien donné, vaut 40,000 fr. Prosper a légué le domaine à son ami Théodore. Que deviendra sa succession? (Civ. 747, 895, 711, 1044.)

525. Guillaume a fait donation à son petit-fils Étienne d'un domaine rural. Étienne vend ce domaine à Paul le 1er juillet 1880, moyennant le prix de 50,000 fr., en se réservant la faculté de réméré pendant un délai de trois ans. Étienne exerce le rachat dans le délai convenu, puis il meurt, laissant son aïeul Guillaume et un frère. Le droit de retour successoral s'est-il ouvert au profit de Guillaume? (Civ. 747, 1659, 1660.)

37

526. Adrien a fait donation d'une maison à sa petite-fille Jeanne. Celle-ci fait à son tour donation du même immeuble à son amie Françoise. Françoise étant décédée, et la maison donnée ayant été mise en vente par ses héritiers, Jeanne s'en est rendue adjudicataire, moyennant le prix de 20,000 fr., payé comptant.

Jeanne meurt à son tour, laissant son aïeul Adrien et une sœur, Lucie. Sa succession, y compris cette maison, vaut 50,000 fr. A qui sera-t-elle dévolue? (Civ. 747, 750.)

527. Ernestine a fait donation d'un vignoble à son petit-fils Roger. Celui-ci vend le vignoble, moyennant le prix de 30,000 fr. stipulé payable le 1er juillet 1894. Puis il meurt le 15 mars 1889, laissant ses père et mère et son aïeule Ernestine.

Le droit de retour successoral s'est-il ouvert au profit de cette dernière? Si le prix n'est pas payé à l'échéance, aura-t-elle le droit de faire résoudre la vente? (Civ. 747, 1654.)

Que décider si la moitié du prix avait été payée comptant?

Que décider enfin, si Roger, au lieu de vendre le vignoble, l'avait échangé contre une maison?

528. Théodore a fait donation à son fils Robert d'une maison et des meubles la garnissant. Robert vend le tout, moyennant le prix de 50,000 fr., applicable à concurrence de 45,000 fr. à la maison et pour le surplus aux meubles. Le prix payé comptant a été déposé en l'étude du notaire qui a reçu l'acte de vente.

Avant que les formalités hypothécaires ne soient terminées et que le prix n'ait été retiré. Robert meurt, laissant pour héritiers son père et sa mère. Sa succession ne comprend que cette somme de 50,000 fr. Comment sera-t-elle dévolue? (Civ. 747.)

529. Jules meurt sans postérité, laissant un frère et son père adoptif, Frédéric. Il avait reçu de ce dernier, à titre de donation, une créance de 3,000 fr. qui se retrouve en nature. La succession de Jules, y compris cette créance, vaut 80,000 fr. A qui sera-t-elle dévolue?

Même question, en supposant que Frédéric soit prédécédé, laissant une fille légitime, Marie. qui a survécu à Jules (Civ. 351.)

530. *Quid* si Frédéric est prédécédé laissant, au lieu d'une fille légitime, Marie, un autre fils adoptif, Ernest, qui a survécu à Jules? (Civ. 351.)

531. *Quid* si Frédéric est prédécédé, laissant un fils naturel reconnu, Adrien, qui a survécu à Jules? (Civ. 351.)

532. Ernest meurt, laissant un enfant adoptif et un enfant naturel reconnu. Il laisse aussi un frère et son père adoptif, Georges. Il avait reçu de ce dernier, à titre de donation, une créance de 6,000 fr. qui se retrouve en nature. La succession d'Ernest, y compris cette créance, vaut 90,000 francs. La répartir. (Civ. 352, 747.)

533. Pierre meurt sans postérité, laissant un frère et son aïeul paternel. Il avait reçu à titre de donation, du père prédécédé de son aïeul, une créance de 30,000 fr. qui se retrouve en nature. La succession de Pierre, y compris cette créance, vaut 80,000 fr. A qui sera-t-elle dévolue? (Civ. 747.)

534. Auguste meurt, laissant son père adoptif, Jacques, et un fils légitime, Paul. Il avait reçu à titre de donation, de son père adoptif, une maison estimée 20,000 fr. Sa succession, y compris la maison donnée, vaut 80,000 fr. A qui sera-t-elle dévolue?

Le droit de retour s'ouvrira-t-il, si Paul décède lui-même sans postérité avant Jacques?

Même question, en supposant qu'il décède sans postérité après Jacques, mais avant Thérèse, fille légitime de Jacques. (Civ. 351, 352.)

535. Auguste est mort en 1888, laissant son père adoptif, Jacques, et sa veuve, Françoise, et deux fils, Pierre et Paul. Il avait reçu, à titre de donation, de son père adoptif, une maison estimée 20,000 fr. Sa succession, y compris la maison donnée, vaut 80,000 fr. Elle est partagée entre Pierre et Paul. Chacun d'eux reçoit 40,000 fr. La maison est attribuée à Pierre pour le remplir de ses droits à due concurrence.

Pierre meurt, laissant son frère Paul et sa mère Françoise. Sa succession vaut 100,000 fr. Elle est dévolue à concurrence d'un quart ou de 25,000 fr. à sa mère, et à concurrence des trois quarts ou de 75,000 fr. à son frère Paul. La maison est attribuée à Paul pour le remplir de ses droits à due concurrence.

Paul meurt à son tour sans postérité, laissant pour héritiers sa mère, Françoise, et un oncle paternel, Louis. Jacques lui survit. Sa succession vaut 120,000 fr., y compris la maison qui vaut 20,000 fr. Comment cette succession sera-t-elle dévolue? Le droit de retour s'ouvrira-t-il au profit de Jacques? (Civ. 351, 352.)

536. Auguste meurt, laissant son aïeul paternel, ses père et mère et un fils légitime, Paul. Il avait reçu de son aïeul, à titre de donation, une maison estimée 20,000 fr. Sa succession, y compris la maison donnée, vaut 80,000 fr. A qui sera-t-elle dévolue?

Le droit de retour s'ouvrira-t-il si Paul décède lui-même sans postérité avant l'aïeul donateur? (Civ. 747.)

537. Jean, adoptant, a fait donation à Ernest, fils légitime de l'adopté, d'une maison. Ernest meurt; son père et son frère Lucien lui survivent, ainsi que le donateur, Jean. Sa succession vaut 100,000 fr., y compris la maison donnée, qui est estimée 20,000 fr. Répartir cette succession. (Civ. 748, 749, 751.)

38

538. Ludovic a un fils légitime, Louis. Ce dernier a une fille adoptive, Marie. Ludovic a donné à Marie une maison. Marie meurt sans postérité, laissant un frère légitime, Marc. Sa succession vaut 100,000 fr. y compris la maison donnée, estimée 20,000 fr. La répartir.

539. Jean a donné à son fils adoptif, Pierre, une maison ; Pierre a donné cette maison à son fils légitime, Ernest. Ernest meurt sans postérité, laissant un frère, Etienne, et son père. Sa succession vaut 60,000 fr., y compris la maison donnée, qui est estimée 20,000 fr. La répartir.

Pierre meurt à son tour sans laisser de postérité, Etienne étant prédécédé. Il laisse un frère légitime, Paul. Sa succession ne comprend que la maison estimée 20,000 fr., qui lui avait été donnée par l'adoptant et qu'il a recueillie dans la succession d'Ernest. A qui sera-t-elle attribuée ?

540. Combien distingue-t-on de cas de retour légal ? Quel est le cas qu'il reste à étudier ? (Civ. 351, 352, 747, 766.)

CHAPITRE IV

Des Successions irrégulières

SECTION I. — DES DROITS DES FRÈRES ET SŒURS SUR LES BIENS DES ENFANTS NATURELS

541. Antoine, enfant naturel de Julie, meurt en état de célibat et sans postérité. Sa mère, qui seule l'a reconnu, est prédécédée. Elle a eu un autre fils naturel, Pierre, puis elle s'est mariée, et de son mariage sont nés deux enfants, Louis et Louise. Pierre, Louis et Louise, survivent à Antoine. La succession de ce dernier vaut 60,000 fr. Elle est le fruit exclusif de son travail et de ses économies. A qui sera-t-elle dévolue ? (Civ. 766.)

Que décider si Pierre est prédécédé laissant un fils légitime, Prosper ? (Civ. 766.)

Que décider s'il est prédécédé sans postérité ? (Civ. 766, 768.)

Que décider s'il est prédécédé laissant une fille naturelle ? (Civ. 766, 757, 768.)

542. Jules, fils naturel de Théodore et de Jeanne, meurt sans postérité. Ses père et mère sont prédécédés. Jeanne, postérieurement à la reconnaissance de Jules, s'était mariée avec Jean. De ce mariage sont nés deux enfants : Alexandre et Paul. Jules laisse ces deux frères légitimes utérins et une sœur naturelle germaine, Marie. Sa succession vaut en totalité 60,000 fr. Elle comprend une maison estimée 12,000 fr., par lui recueillie dans la succession de sa mère. Comment sera dévolue cette succession ? Que décider si Jules a vendu la maison 12,000 fr. et employé cette somme à l'achat d'un titre de rente 3 % sur l'Etat français ? (Civ. 766.)

543. Supposons, modifiant un peu l'espèce précédente, que Jules, indépendamment de ses deux frères légitimes et de sa sœur naturelle, laisse son père. A qui sera dévolue sa succession ? (Civ. 765, 766.)

Même question, en supposant que Jules ne laisse qu'une sœur naturelle, Marie, un frère légitime, Paul, et enfin Lucie, fille d'Alexandre, autre frère légitime prédécédé. (Civ. 766, 742.)

SECTION II. — DES DROITS DU CONJOINT SURVIVANT ET DE L'ÉTAT

544. Henri, marié avec Henriette, meurt ne laissant aucun parent légitime, naturel ou adoptif au degré successible. Henriette lui survit. Sa succession vaut 35,000 fr. Que deviendra-t-elle ? Indiquer les formalités à remplir avant de l'appréhender. (Civ. 767, 769 à 772.)

Même question en supposant que la séparation de corps ait été prononcée au profit d'Henri contre Henriette.

Même question en supposant que le divorce ait été prononcé au profit d'Henriette contre Henri. (Civ. 767, 768.)

545. Lucien, marié avec Lucie, meurt, laissant un enfant légitime. Lucie lui survit. Sa succession vaut 40,000 francs. La partager.

Même question en supposant que Lucien laisse dix enfants nés de son mariage avec Lucie qui lui survit. (Civ. 767.)

546. Adrien, marié en deuxièmes noces avec Adrienne, meurt, laissant sa veuve et un enfant né de son premier mariage. Sa succession vaut 40,000 fr. La partager.

Même question en supposant qu'Adrien laisse sa veuve et sept enfants nés de son premier mariage.

Même question en supposant qu'Adrien laisse sa veuve, un enfant né de son premier mariage et six enfants nés du deuxième. (Civ. 767.)

547. Jean, marié avec Jeanne, meurt, laissant sa veuve, son père et une sœur. Sa succession vaut 80,000 fr. La partager. (Civ. 767, 751.)

Même question en supposant que Jean laisse sa veuve, son aïeul paternel et une bisaïeule maternelle. (Civ. 767, 746.)

Que décider s'il laisse sa veuve, un oncle paternel et une cousine maternelle ? (Civ. 767, 753.)

39

548. Supposons, modifiant l'espèce précédente, que Jean n'ait point de parents légitimes au degré successible et qu'il laisse sa veuve et quatre enfants naturels. Comment sera dévolue sa succession? (Civ. 767, 760, 337.)

Que décider si Jean est fils naturel et s'il laisse sa mère qui seule l'a reconnu, sa veuve et un frère naturel? (Civ. 767, 765, 766.)

549. Supposons enfin que Jean soit fils naturel reconnu par sa mère seulement. Celle-ci, postérieurement à cette reconnaissance, s'est mariée avec Adolphe, et de ce mariage sont nés deux enfants, Pierre et Paul. Elle est ensuite décédée, et Jean a recueilli dans sa succession une maison qui vaut 12,000 fr.

Jean meurt à son tour, laissant sa veuve, une sœur naturelle et ses deux frères légitimes susnommés, Pierre et Paul. Sa succession, y compris la maison, vaut en totalité 80,000 fr. La partager. (Civ. 767, 766.)

550. Alexandre, marié avec Alexandrine, meurt, laissant sa veuve et un frère, Paul. Il a fait donation entre vifs à ce dernier d'une maison valant 44.000 fr. Les biens existant à son décès valent 56,000 fr. Composer la masse héréditaire. Indiquer les droits d'Alexandrine et de Paul.

Même question en supposant que la maison donnée vaille 150,000 fr. (Civ. 767.)

551. Louis, marié avec Louise, meurt, laissant sa veuve et une sœur, Julie. Il a fait donation par préciput, à cette dernière, d'un vignoble valant 30,000 fr. Les biens existant à son décès valent 40,000 fr. Indiquer les droits héréditaires de Louise et de Julie.

Même question, en supposant que Louis, au lieu de donner par préciput le vignoble à sa sœur Julie, l'ait légué à Paul, son ami. (Civ. 767.)

552. Adrien, marié avec Adrienne, meurt, laissant sa veuve, son aïeul paternel et un oncle maternel. Sa succession vaut en totalité 100,000 fr. Elle comprend une maison qui lui a été donnée par son aïeul paternel et qui est estimée 12,000 fr. Répartir cette succession. (Civ. 767, 747, 753.)

553. Henri, marié avec Henriette, meurt, laissant sa veuve et un fils, Antoine. Sa succession vaut en totalité 82,000 fr. Mais il a légué à son ami Lucien un domaine compris dans cette évaluation pour 40,000 fr. Répartir cette succession. (Civ. 913, 745, 767, 205.)

Quid si le *de cujus* a légué 41,000 fr. à son ami Lucien.

554. Outre son conjoint, Thérèse a laissé sa mère et un oncle paternel. Sa succession vaut 60,000 fr. La répartir. (Civ. 753, 754, 767.)

555. Emmanuel, marié avec Marguerite, meurt, laissant sa veuve et un fils, Lucien. Sa succession vaut 40,000 fr. Il a légué l'usufruit de 18,000 fr. à sa veuve. Indiquer les droits de Marguerite et de Lucien. (Civ. 767, 1094, al. 2.)

Même question en supposant qu'Emmanuel n'ait légué à sa veuve que l'usufruit de 6,000 fr. (Civ. 767, al. 8.)

Même question en supposant qu'Emmanuel ait légué à sa veuve 4,000 fr. en pleine propriété. (Civ. 767, al. 8.)

556. Alexandre, marié avec Alexandrine, meurt, laissant sa veuve et deux frères. Sa succession vaut 72,000 fr. La partager.

Alexandrine ne pourrait-elle pas, jusqu'au partage définitif, exiger que son droit d'usufruit fût converti en une rente viagère équivalente? (Civ. 767, al. 9.)

557. Victor, marié en deuxièmes noces avec Victorine, meurt le 12 juillet 1891, laissant sa veuve et un fils, Adolphe, issu de son premier mariage. Sa succession vaut 40,000 fr. La partager.

Victorine se remarie le 15 juin 1892. Adolphe meurt le 16 juillet suivant. Que devient l'usufruit de Victorine?

Même question en supposant qu'Adolphe soit mort le 10 mai 1892. (Civ. 767, al. final.)

558. Paul, marié avec Pauline, meurt le 15 mars 1895, laissant sa veuve et un enfant naturel reconnu, Louis. Sa succession vaut 40,000 fr. La partager. (Civ. 767, 760, 337.)

Pauline se remarie le 20 décembre 1896. Conserve-t-elle ses droits sur la succession de Paul? (Civ. 767, al. final.)

559. Adrien meurt, laissant sa veuve, Adrienne; un fils légitime, issu d'un premier mariage, Louis; un fils naturel reconnu avant son premier mariage, Ernest, et trois enfants issus de son mariage avec Adrienne : Pierre, Paul et Jean.

Sa succession vaut 60,000 fr. La répartir. (Civ. 767, al. 4, 758.)

560. Eugène, né de père et mère inconnus, meurt sans enfant légitime, naturel ou adoptif, et en état de célibat. Sa succession se compose de meubles meublants, estimés 200 fr., et d'un livret de la Caisse d'Épargne, dont le montant s'élève à 1,000 fr. Qui la recueillera? (Civ. 768.)

Indiquer les formalités à remplir avant de l'appréhender. (Civ. 769 à 772.)

561. Même question en supposant qu'Eugène a été élevé dans un hospice et qu'il y est mort.

Même question en supposant qu'Eugène, sans avoir été élevé dans un hospice, y était traité lors de son décès.

(Loi du 15 pluviôse an XIII, art. 8 et 9. — Avis du Conseil d'État du 3 novembre 1809.)

40

CHAPITRE V

De l'Acceptation et de la répudiation des successions

562. Hippolyte laisse pour héritiers deux neveux, Pierre et Julien. Indiquer les partis entre lesquels chacun d'eux peut opter. (Civ. 774, 775, 777, 785.)

Hippolyte a donné à Pierre, par acte entre vifs, 30,000 fr. Il n'a rien donné à Julien. L'actif net des biens existant au décès s'élève à 20,000 fr. Y a-t-il quelque inconvénient pour Pierre à accepter la succession, même sous bénéfice d'inventaire? (Civ. 843, 845.)

SECTION I. — DE L'ACCEPTATION

563. Thérèse meurt, laissant pour seule héritière Louise, sa sœur, mariée avec Louis. Louise pourra-t-elle accepter la succession sans l'autorisation de son mari? Louis pourra-t-il accepter seul et pour le compte de sa femme la succession échue à celle-ci? (Civ. 776, al. 1, 217, 225.)

564. Isabelle meurt, laissant pour héritiers ses trois frères : Adolphe âgé de 14 ans; Henri, pourvu d'un conseil judiciaire; Ernest, frappé d'interdiction judiciaire. Sa succession vaut 90,000 fr. Indiquer les formalités à remplir pour qu'elle soit valablement acceptée. (Civ. 776, al. 2, 461, 499, 513, 509, 1125.)

565. Jacques, appelé à la succession de Maurice, requiert un notaire de procéder à l'inventaire des objets mobiliers compris dans cette succession. Le notaire fait l'inventaire et indique dans l'intitulé qu'il le fait à la requête de Jacques, agissant comme héritier de Maurice. Jacques, qui a signé cet inventaire, a-t-il par là même accepté la succession? (Civ. 778.)

566. Ferdinand meurt, laissant pour héritière sa sœur Julie. Celle-ci distribue les hardes du défunt à des indigents. Conserve-t-elle le droit de renoncer à la succession? (Civ. 778.)

567. François meurt, laissant pour seul héritier son fils, Auguste. Celui-ci, après avoir fait apposer, puis lever les scellés, fait procéder à un inventaire. Il opère une saisie-arrêt à l'encontre d'un débiteur de la succession, renouvelle une inscription garantissant une créance héréditaire, loue au mois des appartements garnis que le défunt était dans l'usage de louer de cette façon, affectue dans ces appartements des réparations d'entretien, remet aux ouvriers le montant de leurs salaires, aux domestiques du défunt le montant de leurs gages. De ses propres deniers, il paie les droits de succession. Auguste doit-il être considéré comme héritier pur et simple? (Civ. 779.)

568. François meurt, laissant pour seuls héritiers ses cinq frères, Paul, Jean, Jacques, Louis et Ludovic. Sa succession vaut 50,000 fr. Paul renonce gratuitement à la succession en faveur de ses quatre frères. Cet acte emporte-t-il de sa part acceptation de la succession?

Quid s'il renonce gratuitement en faveur de Jean?

Quid s'il renonce gratuitement en faveur de Jean et de Jacques? (Civ. 780.)

569. Félix meurt, laissant pour héritiers son oncle paternel, Pierre, et ses deux tantes maternelles, Jeanne et Lucie. Jeanne vend ses droits successifs, moyennant 12,000 fr., à un étranger. Cet acte emporte-t-il de sa part acceptation de la succession?

Même question, en supposant que Jeanne renonce à la succession, moyennant pareille somme, au profit de Lucie et de Pierre.

Même question, en supposant qu'elle renonce gratuitement à la succession au profit de Lucie et de Pierre.

Même question, en supposant qu'elle renonce gratuitement à la succession au profit exclusif de Lucie. (Civ. 780.)

570. Frédéric meurt laissant son père, sa mère, deux frères et une sœur. Sa succession vaut 60,000 fr. La sœur renonce gratuitement en faveur du père, de la mère et des deux frères, c'est-à-dire de tous les cohéritiers. Cet acte emporte-t-il de sa part acceptation de la succession?

Quid si elle renonce gratuitement au profit de ses frères seulement?

571. Frédéric meurt le 15 mars 1890, laissant pour seul héritier son frère Antoine. Sa succession vaut 100,000 fr.

Antoine décède, à son tour, le 20 avril 1890, avant d'avoir pris parti, laissant pour seul héritier son fils Georges. — Quel conseil donneriez-vous à ce dernier, afin d'éviter des droits de succession? (Civ. 781.) — Qu'entend-on par succession par transmission? — Indiquer les différences entre la représentation et la transmission.

572. Raymond meurt le 1er mai 1892, laissant pour seule héritière sa sœur Emilie. L'actif brut de sa succession s'élève à 100,000 fr. Emilie décède à son tour le 24 du même mois, avant d'avoir pris parti, laissant pour héritiers quatre enfants, Marguerite, Antoinette, Yvonne et Clément.

Marguerite, Antoinette et Yvonne veulent accepter purement et simplement, du chef de leur mère, la succession de Raymond. Clément veut la répudier. Que décider? (Civ. 782.)

573. Pierre décède, laissant 100,000 fr. de biens et 90,000 fr. de dettes. Il a pour héritier son neveu, Adrien. Adrien, qui est majeur, accepte la succession purement et simplement. Puis on découvre un testament aux termes duquel Pierre lègue 6,000 fr. à un tiers.

41

Quel conseil donnerez-vous à Adrien?

Que décider si, Adrien étant mineur, la succession a été acceptée par lui sous bénéfice d'inventaire? (Civ. 783.)

SECTION II. — DE LA RENONCIATION AUX SUCCESSIONS

574. Adrien est décédé, laissant trois filles, Jeanne, Lucie et Berthe. Sa succession vaut 30,000 fr. Jeanne veut y renoncer purement et simplement. Dans quelle forme devra être faite cette renonciation. (Civ. 784.)

Même question, en supposant qu'elle veuille renoncer à cette succession en faveur de Lucie. (Civ. 780, 784.)

575. Arthur est décédé, laissant trois fils, Louis, Sylvain et Jacques. Sa succession vaut 30,000 fr. Louis a deux filles, Julie et Henriette. Il renonce à la succession d'Arthur. Partager cette succession. (Civ. 785 à 787.)

576. Pierre meurt, laissant pour héritiers ses deux neveux, Jean et Lucien. L'actif brut de sa succession s'élève à 108,000 fr.; l'actif net à 100,000 fr. Jean doit 40,000 fr. à Louis; il renonce à la succession. Quel conseil donnerez-vous à Louis? (Civ. 788.)

577. Adolphe veut constituer en dot à sa fille 60,000 fr., à condition que celle-ci renonce à tous ses droits dans la succession future du donateur. Ferez-vous ce contrat de mariage? (Civ. 791.)

578. Pierre décède, laissant deux fils, Jean, majeur, et Louis, mineur. Jean accepte la succession purement et simplement. Avant que le tuteur de Louis ait réuni le conseil de famille pour obtenir l'autorisation d'accepter bénéficiairement ou de répudier, Louis s'empare, avec l'intention de se l'approprier à l'insu de son frère, d'une montre dépendant de la succession. Quelle sera la situation de Louis? (Civ. 792, 801, 1310, 461.)

Que décider si le divertissement a lieu postérieurement à la répudiation de la succession faite par le tuteur dûment autorisé? (Civ. 792. — Pén. 379.)

Que décider s'il a lieu postérieurement à l'acceptation bénéficiaire? (Civ. 801.)

579. Jacques est décédé *intestat*, laissant, pour recueillir sa succession, son frère et sa veuve. Cette dernière divertit de l'argenterie dépendant de la succession de son mari et valant 6,000 fr. Encourt-elle une déchéance? (Civ. 767, 792.)

SECTION III. — DU BÉNÉFICE D'INVENTAIRE, DE SES EFFETS ET DES OBLIGATIONS DE L'HÉRITIER BÉNÉFICIAIRE

580. Victor meurt, laissant pour recueillir sa succession sa veuve. Le passif de la succession est à peu près égal à l'actif. La veuve a-t-elle intérêt à déclarer expressément au greffe du Tribunal civil qu'elle entend accepter bénéficiairement? (Civ. 793, 724.)

581. Paul décède, laissant quatre enfants. Louis, l'un d'eux, déclare accepter la succession sous bénéfice d'inventaire, mais néglige de faire dresser l'inventaire dans les délais prescrits par l'article 795 du Code civil. Les autres acceptent purement et simplement. La succession de Paul s'élève activement à 20,000 fr., et passivement à 36,000 fr. Déterminer la part des dettes que devra supporter chaque héritier. (Civ. 794, 800, 802, al. 1, 870.)

582. Pierre décède, laissant pour seul héritier Jacques, son fils. Il a pour créancier Victor. Jacques hésite sur le parti qu'il doit prendre au sujet de la succession. Six mois se sont écoulés depuis le décès; Jacques a payé les droits de succession.

Quel conseil donnerez-vous à Victor qui veut obtenir le remboursement de sa créance? (Civ. 795 à 800.)

583. Trente et un ans se sont écoulés depuis le décès de Pierre. Jacques n'a pris aucun parti. Quelle est sa situation légale vis-à-vis de la succession? (Civ. 800, 789, 790.)

584. Louis, héritier bénéficiaire, a laissé périmer une inscription garantissant une créance de 10,000 fr. sur Alfred, au profit de la succession. Alfred étant insolvable, Louis ne touche, par suite de cette péremption, que 6,000 fr. sur cette créance. Quelle est la somme qu'il devra faire figurer sur son compte? — Louis a rendu son compte par acte sous seing privé. Ce compte a été approuvé par les créanciers et légataires de la succession. Louis vous demande s'il ne pourra pas être inquiété à ce sujet. (Civ. 803, 804.)

585. Ernest, héritier bénéficiaire de Victor, veut contracter un emprunt de 3,000 fr. et affecter hypothécairement à la garantie de cet emprunt une maison dépendant de la succession de Victor. Ferez-vous cet acte?

Que décider, si Ernest veut vendre de gré à gré cette maison avec les meubles la garnissant? (Civ. 805 à 807.)

586. Pierre accepte bénéficiairement la succession de Paul.

Par acte notarié, il constitue sur un domaine dépendant de la succession un droit de passage au profit d'un domaine voisin. Le domaine de la succession, estimé 100,000 fr. avant la

constitution de cette servitude, ne se vend que 90,000 fr. Pierre rend ses comptes. Il en résulte que tous les créanciers de la succession pourront être intégralement payés, sauf Michel. à qui il restera dû 15,000 fr. Quels sont les droits de Michel ? (Civ. 806.)

SECTION IV. — DES SUCCESSIONS VACANTES

587. Pierre, enfant légitime de Paul et de Jeanne. prédécédés, meurt en état de célibat. ne laissant ni héritiers légitimes, ni descendants naturels. La succession est-elle vacante ? (Civ. 811.)

588. Ernest, curateur à la succession vacante de Pierre, se présente chez vous pour vendre par acte notarié une maison dépendant de cette succession. Ferez-vous cet acte ? (Civ. 812 à 814. Pr. 998 à 1002.)

CHAPITRE VI

Du Partage et des rapports

SECTION I. — DE L'ACTION EN PARTAGE ET DE SA FORME

589. Pierre est décédé *intestat*, laissant pour héritiers ses deux fils, Jean et Jacques. Jean et Jacques ont convenu. par acte authentique. qu'ils ne procéderont au partage que dans dix ans. Jean veut, malgré cette convention, procéder immédiatement au partage. Le pourra-t-il ? (Civ. 815.)

590. Les deux héritiers susnommés ont convenu de rester dans l'indivision pendant cinq ans. soit jusqu'au 15 novembre 1892. Le 1er mars 1891, ils veulent renouveler cette convention pour une seconde période de cinq années. devant commencer le 15 novembre 1892. Jacques a une situation obérée, il doit notamment 20,000 fr. à Louis.
Ferez-vous cet acte? Si oui, quels en seront les effets, quels seront les droits de Louis ? (Civ. 815, 2205, 882.)

591. Pierre décédé, laissant pour héritiers ses deux fils. Jean et Jacques. et un testament aux termes duquel il interdit à ses enfants de procéder au partage de ses biens pendant dix ans. Jean veut, malgré cette prohibition, procéder au partage. Le pourra-t-il ? (Civ. 815.)

592. Pierre laissant quatre pièces de vigne. Jean et Jacques n'ont procédé à aucun partage. Mais en fait. Jean s'est mis en possession de deux pièces de vigne situées à Pessac. et Jacques en possession de deux autres situées à Mérignac. Les revenus donnés par les parcelles de Jean sont inférieurs à ceux des parcelles de Jacques.
Jean vous demande conseil sur ce qu'il doit faire. Que lui conseillerez-vous ? (Civ. 816.)

593. Paul a l'usufruit d'un domaine appartenant à Michel et à Benjamin. On demande si l'un de ces derniers pourra provoquer le partage de ce domaine. (Civ. 815.)

594. Ambroise. Mathieu et Philippe sont usufruitiers, chacun pour un tiers durant sa vie, d'un vignoble qui appartient à Thomas. Philippe intente une action en partage contre ses co-usufruitiers. Ambroise et Mathieu, préférant rester dans l'indivision, soutiennent que le partage ne peut être provoqué par Philippe. celui-ci n'étant pas propriétaire. Que décider?
Si un partage a lieu entre les trois usufruitiers sera-t-il opposable à Thomas, et celui-ci sera-t-il obligé, quand l'un de ses usufruitiers mourra. de respecter ce partage et de n'entrer en jouissance que du lot attribué au défunt? (Civ. 815.)

595. Pierre décède, laissant pour héritiers ses cinq enfants : Louis, majeur ; Ernest. majeur. mais frappé d'une condamnation à cinq ans de réclusion : André, majeur, mais interdit judiciairement ; Jacques, majeur, mais aliéné non interdit ; et Paul, majeur, mais pourvu d'un conseil judiciaire. Comment procédera-t-on au partage? Qui pourra le provoquer ? (Civ. 815, 817, 819 et suiv., 463, 509, 499 et 513. — Pén. 29. — Loi du 30 juin 1838, art. 31, 36.)

596. Pierre décède, laissant pour héritiers ses quatre enfants : Louis, majeur ; Adrien, mineur non émancipé ; Gabriel, mineur émancipé, non marié ; et Louise. mineure. mariée avec Fernand sous le régime de la séparation de biens. Comment procédera-t-on au partage? Qui pourra le provoquer ? (Civ. 815, 817 et suiv., 465, 484 et 840.)

597. Même question, en supposant que Pierre décède, laissant pour héritiers : Louis, majeur ; Ernestine, majeure, mariée avec Ferdinand sous le régime de la communauté légale ; et Félix, absent. (Civ. 818, 113, 817, al. 2 ; 124, 136, 819 et suiv.)

598. Pierre, marié avec Jeanne sous le régime de la séparation de biens, décède sans avoir fait au profit de sa femme aucune disposition entre vifs ou testamentaire. Il laisse pour héritiers sa veuve et trois fils. Louis, Paul et Victor, tous présents et majeurs. Plus tard. Louis disparaît et est déclaré absent. Jeanne, Paul et Victor veulent procéder au partage de la succession de Pierre par acte notarié. Ferez-vous cet acte? (Civ. 113, 819 à 840.)

43

599. Mme veuve Lemoine est décédée le 20 août 1884, laissant pour héritiers un fils et deux filles. Celles-ci n'ont accepté la succession de leur mère que sous bénéfice d'inventaire. Au moment du partage, le fils, héritier pur et simple, réclame sa part en nature des meubles. Y est-il fondé? (Civ. 826.)

600. Mme veuve Ducoin est décédée, laissant une fille majeure et un petit-fils mineur. Sur la demande en partage, le Tribunal a ordonné la vente par licitation des immeubles et commis un notaire pour procéder à la liquidation. La masse active, formée uniquement de valeurs mobilières et du prix de licitation, s'élève à 80,000 fr. et revient par moitié à chacun des héritiers. Le notaire, après avoir composé cette masse, a proposé des abandonnements pour le fournissement des droits respectifs des héritiers. Le tuteur du mineur s'oppose à l'homologation, en soutenant que des lots auraient dû être formés et tirés au sort. Y est-il fondé? (Civ. 831 et suiv. — Pr. 970 et suiv.)

601. Pierre décède, laissant pour héritiers ses trois neveux : Jean, majeur; Louis, majeur ; et Victor, mineur.
Un partage amiable intervient entre Jean, Louis et le père de Victor, agissant au nom et comme se portant fort de son fils. Trois mois après le partage, Jean tombe en faillite. Le syndic veut faire procéder à un partage judiciaire afin de faire déterminer d'une façon définitive la part du failli dans la succession. Le pourra-t-il ? (Civ. 840, 1125, al. 2.)

602. Qu'adviendra-t-il si le syndic, respectant le partage amiable, fait vendre en justice un immeuble attribué au failli dans ce partage et que plus tard le mineur demande un nouveau partage? (Civ. 882, 883, 1626, 1166.)

603. Jacques décède, laissant ses deux fils, Pierre, majeur, et Paul, mineur, nés de son mariage avec Louise, qui lui survit. L'apposition des scellés sur les effets de la succession est-elle nécessaire? (Civ. 819. — Pr. 911.)

604. Jacques, domicilié à Bordeaux, meurt à Paris, laissant pour héritiers ses deux neveux : Etienne, majeur, et Victor, mineur, pourvu d'un tuteur en la personne de Lucien. Lucien pourra-t-il intenter l'action en partage et devant quel Tribunal ? (Civ. 465, 822, al. 1.)

605. Qu'ordonnera le Tribunal, saisi par le tuteur de Victor de la demande en partage ? (Civ. 824, 825, 827, 828, al. 1.)

606. Auguste décède, laissant pour héritiers Jean et Jacques, ses fils légitimes, et Pierre, son fils naturel. La succession s'élève à 63,000 fr. Pierre cède sa part gratuitement à un étranger. Cette cession est-elle valable? Jean et Jacques pourront ils exercer le retrait successoral? (Civ. 841.)

607. Dans l'espèce précédente, Pierre conserve ses droits héréditaires et Jean lui cède sa part dans la succession moyennant le prix de 20,000 fr. Cette cession est-elle valable? Jacques pourra-t-il exercer le retrait successoral ? (Civ. 841.)

608. Jean cède à un étranger moyennant 5,000 fr., non pas la totalité de sa part dans la succession, mais seulement ses droits indivis sur un immeuble héréditaire. Le retrait successoral sera-t-il possible ? (Civ. 841.)

609. Étienne décède, laissant pour héritiers : Marie, sa mère : Victor, son frère ; Louise, sa sœur, et Pierre, son fils naturel. La succession vaut 180,000 fr. Victor renonce à la succession. Marie, Louise et Pierre l'acceptent. Pierre cède sa part à Victor, moyennant le prix apparent de 120,000 fr., mais en réalité moyennant le service d'une rente annuelle et viagère de 12,000 fr. au profit du cédant.
Victor fait un emprunt et hypothèque à la garantie de cet emprunt les droits indivis qu'il amende sur un immeuble héréditaire par suite de cette cession. La cession est-elle valable ? Si elle était annulée, l'hypothèque conférée par Victor serait-elle maintenue ? Quels seraient les remboursements que Marie et Louise devraient effectuer si elles exerçaient de concert le retrait successoral? (Civ. 841, 751, 752, 759.)

610. Dans quelles proportions profiteraient-elles de ce retrait? (Civ. 841.)

611. M. Louis de Maubourg est décédé, laissant pour seuls héritiers une fille, Marie, âgée de 28 ans ; un fils, Pierre, âgé de 26 ans ; et un autre fils, André, âgé de 22 ans. De sa succession dépendent des portraits de famille, des armes et armoiries, des croix de chevalerie, des médailles d'honneur et un titre d'anoblissement. Ces objets sont-ils susceptibles de partage et de licitation? (Civ. 842.)

SECTION II. — DES RAPPORTS

612. Jean fait donation à Pierre, son neveu, de 20,000 fr., et lègue à Paul, un autre neveu, 32,000 fr. Il meurt, laissant pour seuls héritiers Pierre et Paul. Les biens dont il n'a pas disposé valent 100,000 fr. Pierre accepte purement et simplement, Paul sous bénéfice d'inventaire. Composer la masse active de la succession. (Civ. 843.)

613. Dans l'espèce précédente, supposons que Jean, dans l'acte de donation au profit de Pierre, ait dit qu'il faisait cette donation par préciput et hors part. Composer la masse. (Civ. 843, 844.)

614. Dans l'espèce prévue par la question 611, supposons que Paul renonce à la succession. Indiquer les droits de Pierre et de Paul. (Civ. 845.)

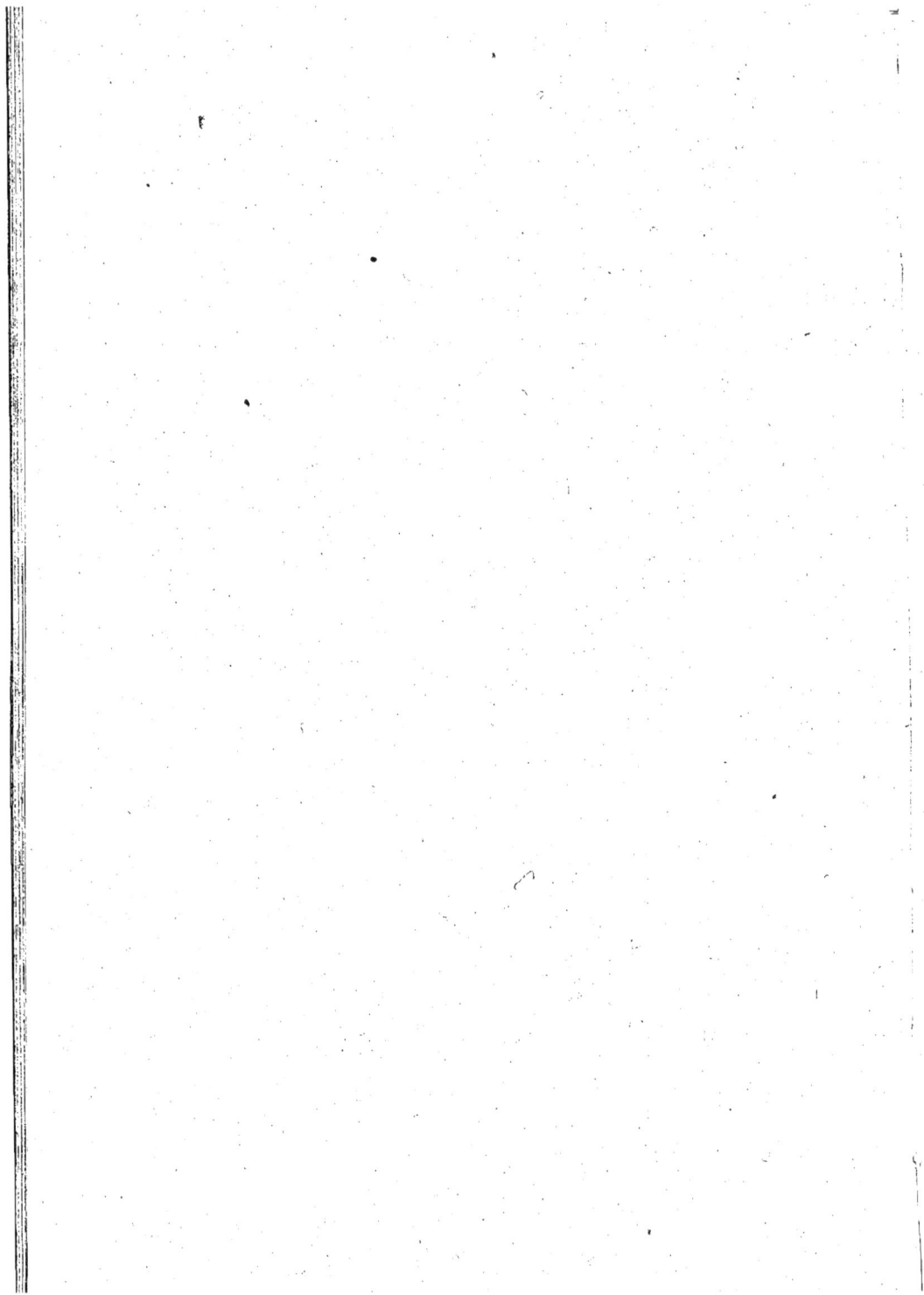

44

615. Adrien meurt, laissant pour héritiers ses trois frères, Henri, Théodore et Gaston. Sa succession vaut 300,000 fr. Il a fait un testament aux termes duquel il a laissé tous ses biens à Gaston. Les trois héritiers ignorent l'existence de ce testament; ils acceptent la succession purement et simplement. Puis le testament est découvert. Que deviendra la succession? (Civ. 845, 843, 783.)

616. Jacques fait donation à Louis, son fils naturel, de 100,000 fr. Il meurt, laissant pour héritiers Lucien, son fils légitime, et Louis, son fils naturel. Les biens existant à son décès valent 72,000 fr. Composer la masse et déterminer les droits de chaque héritier. (Civ. 843, 758.) *Quid* si l'enfant naturel renonce à la succession? (Civ. 908.)

617. Ernest fait donation à son père naturel de 25,000 fr. Il meurt, laissant son père et sa mère naturels. Les biens existant à son décès valent 33,000 fr. Composer la masse. (Civ. 843, 765.)

618. Ernest lègue à Jacques, son frère naturel, 30,000 fr. Il meurt, laissant pour lui succéder Jacques et Mathilde, sa sœur naturelle. Indépendamment des 30,000 fr. légués à Jacques, Ernest laisse à son décès des biens valant 12,000 fr. Composer la masse. (Civ. 843, 766.)

619. Pierre fait donation à Jean, un de ses fils légitimes, de 25,000 fr. Il meurt, laissant pour héritiers Etienne, son fils légitime; Louis et Louise, enfants de Jean, prédécédé. Les biens existant à son décès valent 65,000 fr. Composer la masse et déterminer les parts héréditaires. Civ. 848.)

620. Pierre fait donation à Jean, l'un de ses fils, d'une maison valant 25,000 fr. Il meurt, laissant pour héritiers Etienne, son fils légitime; Louis et Louise, enfants de Jean prédécédé. Louis et Louise avaient renoncé à la succession de Jean, et la maison donnée à Jean par Pierre a fait retour à Pierre. Le rapport est-il dû par Louis à Louise? (Civ. 747.)
Louis renonce; Louise accepte. Qu'adviendra-t-il? (Civ. 848, 785, 786.)

621. Pierre a fait donation :
A Jean, son fils légitime, de 25,000 fr. :
A Jacques, son petit-fils, fils de Jean, de 12,000 fr. ;
A Ernest, son arrière-petit-fils, fils de Jacques, de 10,000 fr.
Il meurt, laissant une fille, Marie, et deux arrière-petits-enfants, Ernest et Ernestine, enfants de Jacques. Jean et Jacques sont prédécédés.
Les biens existant au décès de Pierre valent 65,000 fr. Composer la masse et déterminer les parts héréditaires. (Civ. 846 à 848.)

622. Pierre a fait donation à Louis, son petit-fils, de 25,000 fr. Il décède, laissant pour héritiers : Etienne, son fils légitime; Louis, susnommé, et Louise, enfants de Jean, son autre fils prédécédé. Les biens existant à son décès valent 65,000 fr. Composer la masse et déterminer les parts héréditaires. (Civ. 843, 846, 847.)

623. Ernest fait donation de 28,000 fr. à Jeanne, mariée sous le régime de la communauté légale avec Adrien. Quelque temps après, la communauté est dissoute. Puis Ernest meurt, laissant pour héritiers son neveu Paul et son autre neveu Adrien, mari de Jeanne. Les biens existant au décès s'élèvent à 32,000 fr. Composer la masse et déterminer les parts héréditaires. (Civ. 849, 1401-1°.)

624. Jacques donne à son fils Pierre 22,000 fr. ; à sa fille Louise 30,000 fr. Il décède, laissant pour seuls héritiers Pierre et Louise. Les biens existant à son décès s'élèvent à 12,000 fr. ; les dettes à 18,000 fr. Pierre et Louise acceptent sous bénéfice d'inventaire. Comment se partagera la succession? (Civ. 843, 857, 870.)

625. Ernest donne à son neveu Jean 10,000 fr. Il meurt, laissant pour héritier son neveu Jean et son autre neveu Jacques. Il a fait un testament aux termes duquel il lègue 50,000 fr. à son grand-père Louis. Mais il ne laisse que 8,000 fr. de biens. Jean et Jacques acceptent la succession sous bénéfice d'inventaire. Comment se partagera la succession?
Que décider si Jean et Jacques eussent accepté purement et simplement? (Civ. 843, 857, 870, 1017, 724.)

626. Auguste décède, laissant pour héritiers ses trois frères germains, Pierre, Paul et Louis. Il a légué à Louis 42,000 fr. et à son aïeule maternelle pareille somme : mais il ne laisse que 40,000 fr. Pierre, Paul et Louis acceptent sous bénéfice d'inventaire. Comment se partagera la succession? Que décider s'ils acceptent purement et simplement? (Civ. 926, 843.)

627. Etienne, célibataire, constitue en dot à sa nièce Pauline (qui se marie sous le régime dotal) 100,000 fr. et lui donne un trousseau valant 3,000 fr. A l'occasion de son mariage, il lui fait cadeau d'une parure en diamants valant 4,500 fr. Il fait les frais du festin de noces qui s'élèvent à 2,000 fr.
Etienne s'est chargé de la nourriture, de l'entretien et de l'éducation de son neveu Paul, qui obtient le diplôme de licencié en droit. Ces frais s'élèvent en totalité à 25,000 fr. Paul a pris un engagement conditionnel d'un an, et c'est Etienne qui a payé les 1,500 fr. exigés par la loi. Paul achète plus tard une étude de notaire et son oncle Etienne paie le prix de cette étude, soit 70,000 fr.
Enfin, Etienne a donné de la main à la main 18,000 fr. à son autre neveu Ernest, qui le reconnaît. Il décède, laissant pour seuls héritiers Pauline, Paul et Ernest. Les biens existant à son décès s'élèvent à 200,000 fr.
Composer la masse active de la succession. (Civ. 1573, 851, 852, 843.)

45

628. Lucien, acquéreur d'un immeuble, charge son petit-neveu Ernest, qui est notaire, de dresser le contrat d'acquisition. Les déboursés et honoraires d'Ernest s'élèvent à 1,500 fr. Lucien lui donne 4,000 fr. Un mois après, Lucien donne à son petit-neveu Ernest une somme de 12,000 fr., à la charge par celui-ci de payer une dette de Lucien s'élevant à 5,000 fr.

Lucien lègue 30,000 fr. à Pierre, son ami ; mais il est bien convenu que Pierre devra remettre cette somme dès qu'il l'aura touchée, à Louis, neveu de Lucien. Lucien vend à Louis, moyennant le prix de 40,000 fr. réellement payé comptant et représentant la valeur réelle de l'immeuble, une maison sise à La Bastide. Il est procédé pour le percement d'une voie nouvelle à l'expropriation de cette maison, et Louis touche, à titre d'indemnité, 60,000 fr.

Lucien décède laissant pour seuls héritiers Ernest et Louis. Ernest accepte bénéficiairement, Louis purement et simplement. Composer la masse. (Civ. 742, 843, 853. — Loi du 25 ventôse an XI, art. 8.)

629. Jacques et Jean, son fils, sont institués légataires universels de Guillaume, dont la succession présente un actif net de 40,000 fr. Jacques renonce à son legs, Jean accepte. — Suivant acte sous seing privé, dûment enregistré et publié conformément à la loi, Jacques et Jean établissent entre eux une société en nom collectif pour le commerce des vins. Trois ans après, la société est dissoute et liquidée par acte notarié. Il résulte de cet acte que Jean a retiré sa mise de fonds, plus un bénéfice de 25,000 fr.

Jacques décède le 5 janvier 1890, laissant pour héritier Jean, son fils légitime, et Pierre, son fils naturel. Composer la masse et déterminer les droits de chaque héritier en supposant que le partage soit effectué le 5 janvier 1891. (Civ. 843, 851, 854, 856.)

630. Paul donne, le 1er janvier 1884, à son neveu Jérôme, l'usufruit d'une maison sise allées de Tourny. Il constitue, en outre, le même jour, sur la tête et au profit de ce même neveu, une rente annuelle et viagère de 300 fr. Paul décède le 1er janvier 1890, laissant pour héritiers son neveu Jérôme et son autre neveu Adolphe, qui acceptent sa succession. Composer la masse.

Même question, en supposant que la maison assurée à la compagnie *la Nationale* par Paul pour la nue propriété pour une valeur de 200,000 fr., et par Jérôme pour l'usufruit pour une valeur de 100,000 fr., a été incendiée fortuitement le 15 décembre 1889. Jérôme a touché l'indemnité de 100,000 fr. le 28 décembre 1889. Paul est décédé sans avoir touché l'indemnité relative à la perte de la nue propriété de l'immeuble. (Civ. 856.)

631. Paul, usufruitier d'un domaine sis à Pessac et créancier d'une rente annuelle et viagère de 500 fr. constituée à son profit et sur sa tête, cède gratuitement à son neveu Jérôme cet usufruit et le droit à cette rente. Il décède, laissant pour héritiers Jérôme et son autre neveu Adolphe. Les biens existant à son décès valent 100,000 fr. Composer la masse. (Civ. 856.)

632. Jean, propriétaire-cultivateur, souscrit au profit de Pierre, l'un de ses fils, un billet ainsi conçu : « Je reconnais devoir 2,000 fr. pour salaires à Pierre, qui n'a jamais quitté le toit paternel et a continuellement travaillé dans l'intérêt de mon domaine, m'évitant ainsi de payer des gages à des étrangers. »

Cette somme de 2,000 fr. est-elle sujette à rapport ? (Civ. 852.)

633. Que décider si Jean eût vendu une parcelle de terre à Pierre moyennant le prix de 2,000 fr. et qu'il eût été dit dans le contrat de vente que ce prix de 2,000 fr. se trouvait compenser une pareille somme due à Pierre pour les motifs ci-dessus indiqués. (Civ. 852.)

634. Adolphe meurt laissant pour héritiers ses deux neveux, Paul et Ludovic. Il avait vendu à Ludovic, moyennant le prix de 3,000 fr., une maison qui valait en réalité 25,000 fr. Les biens qu'il laisse à son décès ont une valeur de 40,000 fr. Composer la masse. (Civ. 853.)

Même question, en supposant qu'Adolphe ait vendu la même maison moyennant le prix de 25,000 fr., payé comptant d'après l'acte de vente, mais non payé en réalité. (Civ. 843.)

635. Adolphe meurt laissant pour héritiers ses deux neveux, Paul et Ludovic. Il avait vendu à Ludovic, moyennant le prix de 15,000 fr., une maison qui, au jour du contrat, valait en réalité 30,000 fr. et qui, au jour de l'ouverture de la succession, par suite de circonstances fortuites (percement d'une voie nouvelle, par exemple), vaut 50,000 fr.

Les biens qu'il laisse à son décès ont une valeur de 40,000 fr. Composer la masse. Que devra rapporter Ludovic ?

636. Jean meurt laissant pour héritiers ses deux frères Pierre et Paul. A Pierre il a fait donation de meubles estimés 20,000 fr. dans l'acte de donation. Il laisse à son décès 4,000 fr. en espèces. Pierre et Paul acceptent la succession. Composer la masse. Répartir la succession. (Civ. 868, 830, 831.)

Quid si Pierre est insolvable ? si, par exemple, son patrimoine personnel présente juste un actif de 8,000 fr. ? Paul touchera-t-il ces 8,000 fr. intégralement, ou bien sera-t-il obligé de subir le concours des créanciers personnels de Pierre ?

637. Jean décède le 15 janvier 1890, laissant pour héritiers ses deux fils, Pierre et Paul. Il est procédé au partage de sa succession le 15 janvier 1891. Les biens existant au décès comprennent 60,000 fr. de valeurs de Bourse, 20,000 fr. de créances et un mobilier estimé 2,000 fr. Jean avait constitué en dot à Pierre le 12 mars 1885 une prairie estimée dans le contrat de mariage de Pierre 25,000 fr., mais valant le jour du décès de Jean 28,000 fr., et le jour du partage 30,000 fr. Antérieurement au décès de son père, Pierre a grevé cette prairie d'une hypothèque ; il a, en outre, établi sur cette prairie un droit de passage au profit d'un domaine voisin.

Jean avait fait donation entre vifs à Paul, le 22 septembre 1886, d'une maison estimée dans l'acte de donation 12,000 fr., mais valant au jour du décès 11,000 fr. et au jour du partage 10,000 fr.

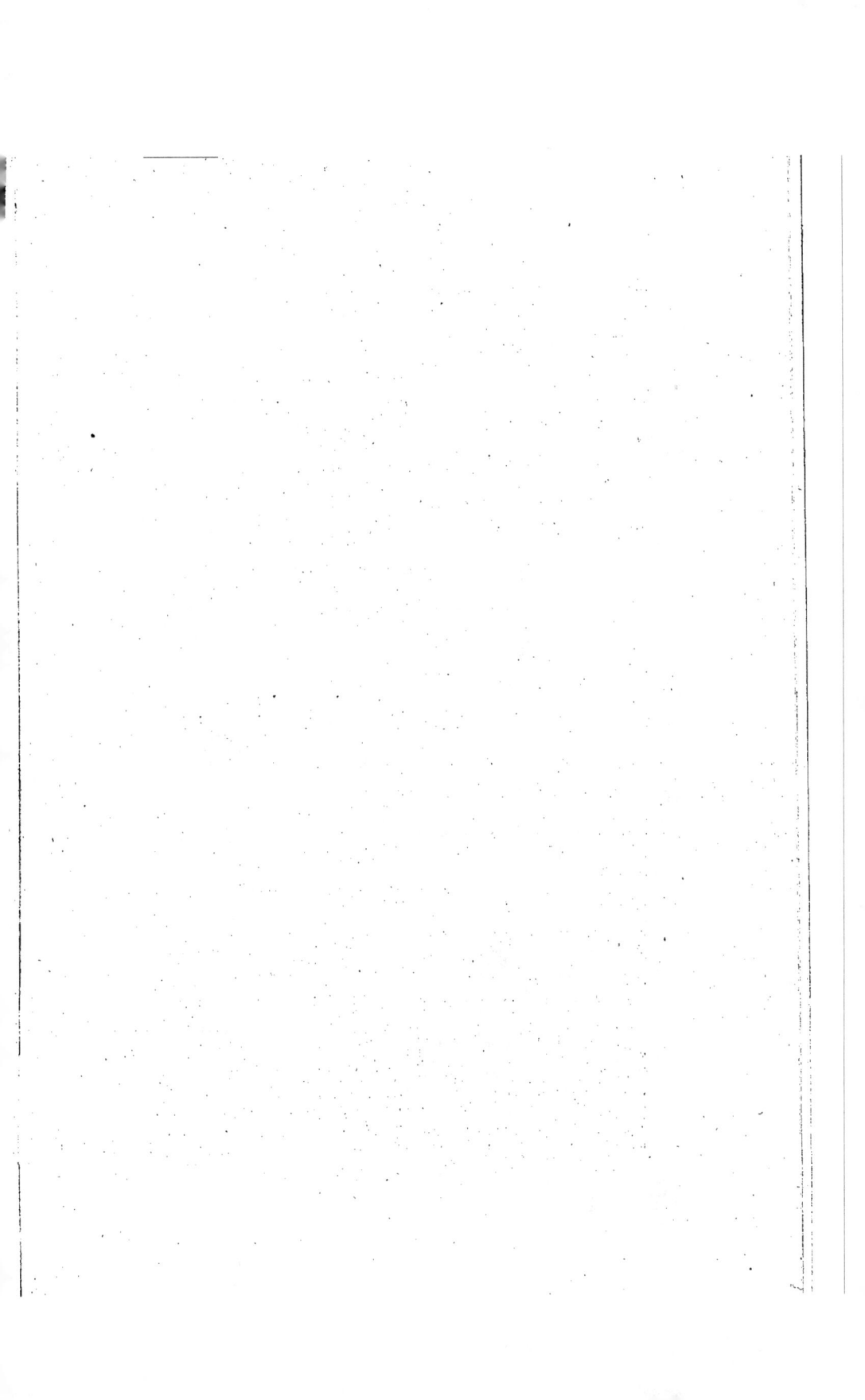

seulement. Avant le décès de son père, Paul a cédé à un étranger, moyennant le prix de 3,000 fr. payé comptant, l'usufruit de cette maison. Composer la masse. Fixer les attributions. (Civ. 858, 859, 1138, 883.)

638. Indiquer les droits des ayants cause de Pierre et de Paul. (Civ. 865.)

639. Jean, dans l'espèce précédente, au lieu de constituer en dot à Pierre une prairie, lui donne une maison estimée dans le contrat de mariage de ce dernier 16,000 fr. Il donne à Paul une autre maison également estimée dans l'acte de donation 16,000 fr. Pierre et Paul ne constituent aucune charge sur ces immeubles. Le 28 novembre 1888, la maison de Pierre est incendiée complètement, le feu ayant été communiqué par un immeuble voisin. Pierre touche d'une Compagnie d'assurances 18,000 fr. Le 30 décembre 1889, la maison de Paul est complètement détruite par un incendie, le feu ayant été involontairement communiqué par Paul à trois barils de pétrole déposés dans sa cave. Paul touche d'une Compagnie d'assurances 18,000 fr. Comment s'effectuera le rapport des biens donnés? (Civ. 1302, 855, 860.)

640. Jean constitue en dot à son fils, Hector, un domaine consistant en maison de maître, parc, bâtiments d'exploitation et prairies. Hector dépense annuellement, pour l'entretien et l'exploitation de ce domaine, 2,000 fr. Il a fait reconstruire un mur d'un chai qui menaçait ruine; coût : 800 fr.; il a drainé la prairie; coût : 2,000 fr.; plus-value donnée au domaine au jour du partage : 1,500 fr. Il a fait placer des statues dans le parc; coût : 500 fr. Il a transformé une partie des prairies en vignoble, malgré le voisinage du phylloxera; coût : 3,000 fr.; moins-value résultant de cette transformation, au jour du partage, 1,000 fr.

Jean décède, laissant pour seuls héritiers Hector et un autre fils, Louis. Les biens existant au décès comprennent un mobilier estimé 3,000 fr. et des valeurs de Bourse évaluées 120,000 fr. Le domaine valait, au jour de la donation, 30,000 fr.; au jour du décès, 28,000 fr.; au jour du partage, 33,000 fr. Composer la masse. Faire les attributions. (Civ. 605, 862, 861.)

641. Jean décède, laissant 10,000 fr. en espèces et deux maisons sises, l'une à Bordeaux, l'autre à Paris, valant chacune 15,000 fr. Ses héritiers sont ses deux frères, Pierre et Paul. Il a légué à Pierre la maison sise à Bordeaux. Composer la masse. Indiquer les droits de Pierre et de Paul, au sujet des attributions. (Civ. 859.)

642. Même question, en supposant que Jean ayant fait donation entre vifs à Pierre de la maison sise à Bordeaux, avec obligation d'effectuer le rapport en moins-prenant, cette maison a été incendiée par cas fortuit. (Civ. 855.)

643. Jean donne à son fils, Pierre, une maison sise à Lyon, estimée 25,000 fr.; à son autre fils, Paul, une maison sise à Marseille, estimée 25,000 fr. Pierre vend la maison sise à Lyon, avant le décès de son père, moyennant un prix de 30,000 fr. Paul vend la maison sise à Marseille, après le décès de son père, mais avant le partage, moyennant pareille somme de 30,000 fr.

Les biens laissés par Jean s'élèvent à 20,000 fr. en espèces. Composer la masse. Faire les attributions. (Civ. 860, 859, 856, 883.)

644. Pour quelle somme la maison rapportée par Pierre, en moins-prenant, devra-t-elle figurer dans la masse active, en supposant que Pierre ait tranformé un grenier en chambre et que cette transformation ait donné une plus-value s'élevant à 1,000 fr. au jour de la vente, à 800 fr. au jour du décès, à 600 fr. au jour du partage? (Civ. 860, 861.)

645. Même question, en supposant que Pierre, au lieu de vendre volontairement la maison à lui donnée, en ait été exproprié pour cause d'utilité publique et ait touché une indemnité de 50,000 fr. (Civ. 860.)

646. Même question, en supposant que Pierre ait été exproprié à la suite d'une saisie de ses créanciers, et que l'immeuble ait été adjugé moyennant le prix de 14,000 fr. (Civ. 860.)

647. Jean décède, laissant pour héritiers ses deux enfants, Pierre et Paul. Il a constitué en dot à Louise, sa fille, divers objets mobiliers estimés dans le contrat de mariage de cette dernière 3,000 fr., mais valant au jour du décès 1,500 fr. Il lègue à son fils, Paul, un titre nominatif de 30 fr. de rente 3 % sur l'Etat français, représentant, d'après le cours du jour du décès, 950 fr. et d'après celui du jour du partage, 960 fr. Jean laisse 5,000 fr. en numéraire. Composer la masse et faire les attributions. (Civ. 868, 948.)

648. Même question, en supposant que les objets mobiliers constitués en dot à Louise aient été détruits fortuitement par un incendie. (Civ. 868.)

649. Parmi les biens constitués en dot à Thérèse par Jules, son père, figure une obligation du Crédit foncier valant, au jour de la constitution de dot, 400 fr. Quelque temps après, cette obligation sort au tirage et gagne un lot de 100,000 fr. Puis, Jules meurt, laissant pour héritiers sa fille, Thérèse, et un fils, Etienne. Que devra rapporter Thérèse? (Civ. 868.)

650. Jean décède, laissant pour héritiers Louise et Paul. Il a constitué en dot à Louise 3,000 fr. en espèces. Les biens existant à son décès comprennent divers objets mobiliers estimés 2,000 fr., 500 fr. en espèces et deux échoppes valant, l'une 2,400 fr., l'autre 3,200 fr. Déterminer les droits de Louise. (Civ. 869.)

651. Jacques a prêté à son frère Paul 10,000 fr.; il décède, laissant pour héritiers Paul et son autre frère Pierre. Les biens existant à son décès comprennent 12,000 fr. en espèces, et 200 obligations de la Compagnie du Midi.

Composer la masse. Faire les attributions. (Civ. 829, 868, 830, 1220, 1300.)

47

652. Même question, en supposant que Paul soit débiteur de 50,000 fr. envers un de ses amis. Henri, et qu'il n'ait d'autre actif que sa part dans la succession.

653. Jacques a payé, à titre d'avance remboursable, une somme de 15,000 fr. que Paul, son fils, devait à un étranger, Etienne. Il décède, laissant pour héritiers Paul et Pierre, ses deux fils. Les biens existant à son décès comprennent 20,000 fr. en espèces et deux maisons valant chacune 24,000 fr. Paul renonce à la succession. Déterminer ses droits et obligations. Déterminer les droits de Pierre. (Civ. 845.)

654. Que serait-il advenu si Jacques, au lieu de faire son paiement à titre d'avance remboursable. l'avait effectué à titre de don pour son fils Paul? (Civ. 845.)
Qu'adviendra-t-il si Paul renonce à la succession? (Civ. 788.)

655. Résoudre les questions posées sous le n° 651, en supposant que Jacques n'a consenti aucun prêt à son frère Paul; mais que celui-ci, depuis le décès de son frère, a touché, pour le compte de la succession, 10,000 fr. de loyers et fermages arriérés. (Civ. 829, 830, 868.)

656. Auguste décède le 1er juillet 1889, laissant pour seuls héritiers ses deux fils, Ernest et Jules. Il a prêté à Ernest une somme de 4,000 fr., non productive d'intérêts et remboursable le 15 janvier 1892.
Les biens existant à son décès comprennent 6,000 fr. en espèces et deux maisons sises : l'une à Lormont, l'autre à Pessac, valant chacune 15,000 fr.
Ernest doit à Eugène, étranger, 50,000 fr.; il est insolvable. Le partage est effectué le 1er juillet 1890.
Composer la masse. Faire les attributions. Déterminer les droits d'Eugène. (Civ. 829, 830, 868, 856, 831.)

657. Mêmes questions, en supposant que la succession d'Auguste comprenne un passif de 4,000 fr. (Civ. 878, 829, 868, 830, 831, 870.)

658. Jacques meurt, laissant pour héritiers ses deux neveux, Pierre et Paul. Il a prêté à Pierre 4,000 fr.
Les biens existant au décès ne comprennent que 2,500 fr. en espèces. Les dettes héréditaires s'élèvent à 3,000 fr.
Pierre possède 4,100 fr., mais doit 10,000 fr. à Louis. Composer la masse. Faire les attributions. Déterminer les droits de Louis et des créanciers héréditaires. (Civ. 857.)

SECTION III. — Du paiement des dettes

659. Jacques décède, laissant pour lui succéder Paul, son fils légitime. et Louis, son fils naturel. L'actif de la succession s'élève à 60,000 fr.; les dettes à 22,000 fr.; les frais funéraires, les frais de scellés et d'inventaire à 2,000 fr.
Déterminer les parts contributoires de Paul et de Louis dans le passif héréditaire. Déterminer les droits des créanciers héréditaires à l'égard de Paul et de Louis. (Civ. 870, 724.)

660. Mêmes questions, en supposant que Jacques ait légué par préciput à Paul 6,000 fr. (Civ. 870, 871, 1220, 724, 873.)

661. Jacques décède, laissant pour seul héritier son fils légitime Paul. Il a légué à Louis, un étranger, le tiers de ses biens. L'actif de sa succession s'élève à 30,000 fr., le passif héréditaire à 12,000 fr. Déterminer les parts contributoires de Paul et de Louis dans le passif héréditaire et les droits des créanciers héréditaires à l'égard de Paul et de Louis. (Civ. 870, 871, 1220, 724, 873.)

662. Mêmes questions, en supposant que Jacques ait institué Louis pour son légataire universel. (Civ. 913, 870, 871, 1220, 724, 873.)

663. Auguste décède, laissant pour héritiers trois fils, Pierre, Paul et Jean. L'actif de la succession s'élève à 18,000 fr.; le passif à 27,000 fr.
Pierre accepte la succession sous bénéfice d'inventaire; Paul et Jean l'acceptent purement et simplement. Paul a des créanciers personnels; il est insolvable. Déterminer les droits des créanciers héréditaires. (Civ. 873.)

664. Jacques décède, laissant pour seuls héritiers son père, Ernest, et son frère, Lucien. Il avait emprunté 30,000 fr. avec hypothèque sur une maison sise rue Sainte-Catherine, et stipulation que cette dette serait indivisible entre ses héritiers.
L'actif de sa succession comprend cette maison estimée 60,000 fr. et des valeurs de Bourse évaluées 220,000 fr. Le passif ne comprend que la dette susmentionnée de 30,000 fr.
Aux termes du partage intervenu entre Ernest et Lucien, l'attribution d'Ernest comprend la maison pour . . . . 60,000 fr.
Et les valeurs de Bourse pour 10,000
Total . . . . 70,000 fr.

L'attribution de Lucien se compose de 210,000 fr. en valeurs de Bourse.

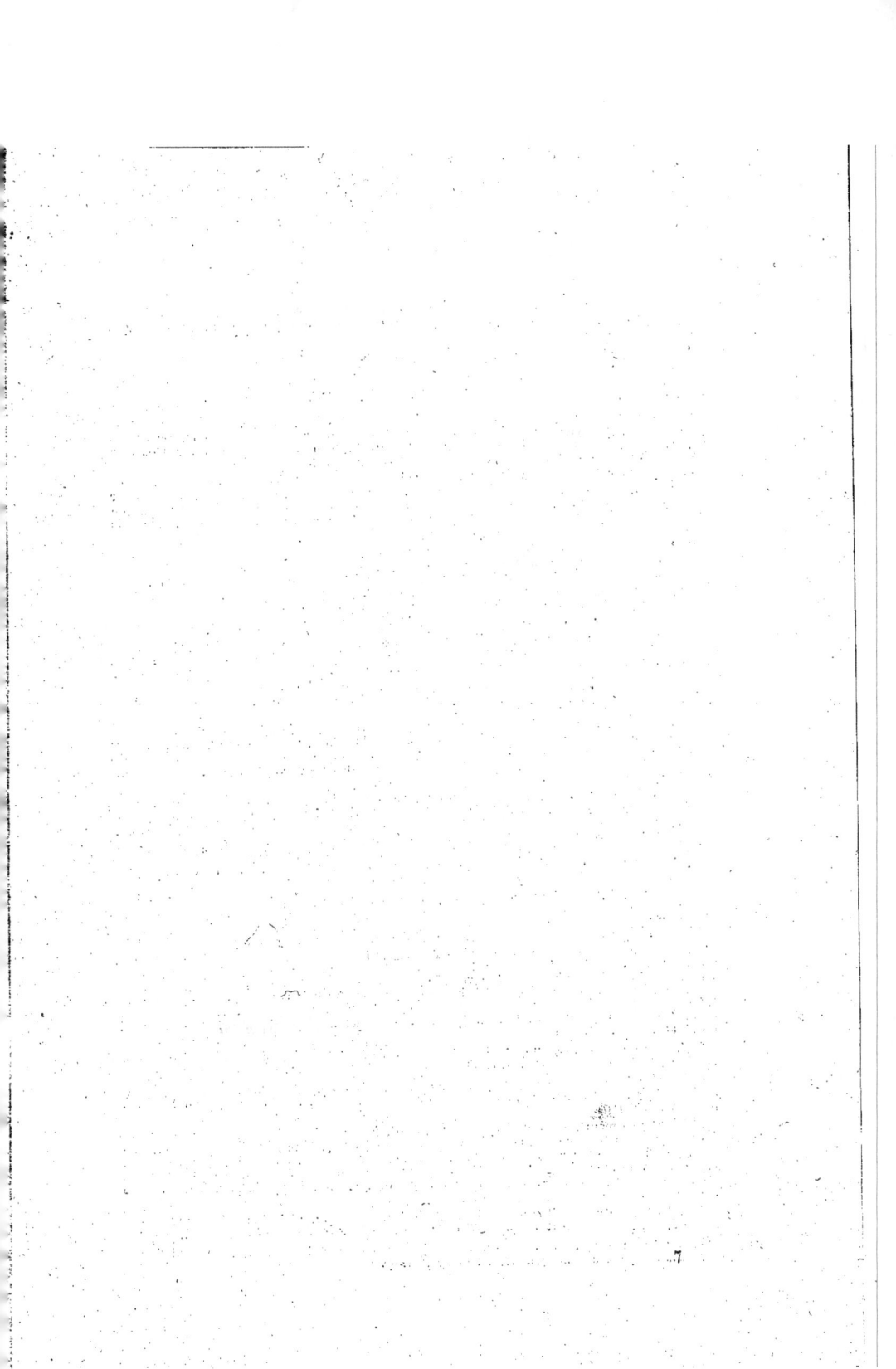

48

Déterminer les parts contributoires et les parts obligatoires d'Ernest et de Lucien dans le passif héréditaire. Doit-on, en pratique, procéder aux attributions autrement que ci-dessus ? (Civ. 870, 1223, 873.)

665. Que décider, si, dans l'espèce précédente, Jacques avait légué la maison à un étranger, Adolphe ? (Civ. 871, 914.)

666. Quel est le recours que peut exercer Adolphe, s'il vient à payer la dette hypothécaire ? (Civ. 1251, 3°, 874.)

667. Auguste était débiteur envers Lucien d'une rente viagère, garantie par une hypothèque portant sur une maison et dont les arrérages s'élevaient à 3,000 fr. par an. Il laisse trois héritiers, Jules, Ernest et Gabriel. La maison vaut 100,000 fr. Auguste laisse, en outre, 200,000 fr. en valeurs de Bourse. Comment se partagera sa succession ? (Çiv. 872, 1979.)

668. Louis, votre client, a prêté à Jacques, suivant contrat d'obligation par vous retenu, une somme de 20,000 fr. exigible le 15 décembre 1889. Jacques décède le 28 février 1890, laissant pour seul héritier son fils Paul. Louis, le créancier, se rend dans votre étude avec la grosse de son contrat, aussitôt après le décès de Jacques, et vous demande ce qu'il doit faire pour obtenir le remboursement de sa créance. (Civ. 877, 795.)

669. Adolphe décède, laissant pour seul héritier son fils, Jean. Sa succession s'élève activement à 100,000 fr., passivement à pareille somme.

Jean accepte la succession purement et simplement. Son patrimoine propre ne présente aucun actif. Ses dettes personnelles s'élèvent à 200,000 fr.

Quel conseil donnerez-vous à Pierre, créancier de la succession ? (Civ. 878, 2111.)

670. Même question, en supposant que Jean ait accepté sous bénéfice d'inventaire. (Civ. 2111.)

671. Paul décède, laissant pour seul héritier son fils, Pierre. Sa succession s'élève activement à 30,000 fr., passivement à 32,000 fr. Les créanciers héréditaires, craignant que Pierre ne soit insolvable, demandent et obtiennent la séparation des patrimoines. Pierre aura-t-il intérêt à accepter sous bénéfice d'inventaire ?

Si Pierre accepte purement et simplement, les créanciers personnels pourront-ils demander la séparation des patrimoines ? (Civ. 881, 1167.)

672. Adolphe décède, laissant pour seul héritier son neveu, Lucien. Il a légué à Clément, un étranger, 20,000 fr. Sa succession s'élève activement à 22,000 fr. Lucien a 40,000 fr. de dettes et point d'avoir personnel. Il accepte la succession purement et simplement. Le légataire Clément demande et obtient la séparation des patrimoines. Déterminer les droits du légataire et ceux des créanciers personnels de Lucien dans l'actif héréditaire.

Même question en supposant que la séparation des patrimoines n'ait pas eu lieu. (Civ. 2111.)

673. Jacques décède, laissant trois fils, Pierre, Paul et Jean. Sa succession comprend trois immeubles, valant chacun 10,000 fr., et des titres au porteur évalués 60,000 fr. — Jean a été condamné, suivant jugement du Tribunal de commerce, à payer à Louis, un de ses voisins, 8,000 fr., prix de marchandises à lui livrées. On va procéder au partage de la succession de Jacques. — Louis vous demande conseil pour la sauvegarde de ses droits. (Civ. 832, 882.)

SECTION IV. — Des effets du partage et de la garantie des lots

674. Etienne meurt le 16 janvier 1890, laissant pour seuls héritiers ses trois neveux, Paul, Pierre et Jean. De sa succession dépend une maison sise allées de Tourny.

Le 16 février suivant, Paul emprunte 20,000 fr. avec hypothèque sur les parts indivises qu'il amende sur cette maison. Le 1er juillet 1890, on procède au partage et cette maison est mise au lot de Paul. Ou bien on procède à la vente sur licitation de cet immeuble, et il est adjugé à Paul. Ou bien Pierre et Jean vendent à Paul, soit leurs droits indivis sur cet immeuble, soit la totalité de leurs droits successifs. Que devient l'hypothèque conférée par Paul ? (Civ. 883, 2125. — Loi du 22 frimaire an VII, art. 68, § 3, n° 2. — Loi du 28 février 1872, art. 1 et 2. — Loi du 28 avril 1893, art. 19.)

675. Même question, en supposant que la maison devienne, par l'un des modes susindiqués, la propriété exclusive de Jean. (Civ. 883, 2125.)

676. Même question en supposant que la maison ait été adjugée sur licitation à un étranger ou que Pierre, Paul et Jean aient vendu solidairement entre eux cette maison à un étranger. (Civ. 883, 1654.)

677. Etienne meurt, laissant pour héritiers, Paul, Pierre et Jean. Pendant l'indivision, Paul confère une hypothèque de 20,000 fr. sur les parts indivises qu'il amende dans la maison sus-désignée. Pierre, de son côté, confère une hypothèque de 15,000 fr. sur les parts indivises qu'il amende dans le même immeuble. Paul cède ses droits successifs à Jacques, un étranger. Ledit immeuble est adjugé sur licitation à Jacques. Que deviennent les hypothèques de Paul et de Pierre ? (Civ. 883.)

678. Paul cède ses droits successifs, non pas à un étranger, mais à ses deux cohéritiers, Pierre et Jean. Que devient son hypothèque ? Que devient celle de Pierre ? (Civ. 883.)

679. Etienne meurt, laissant pour seuls héritiers ses deux neveux, Pierre et Paul. De sa succession dépend une maison sise allées de Tourny.

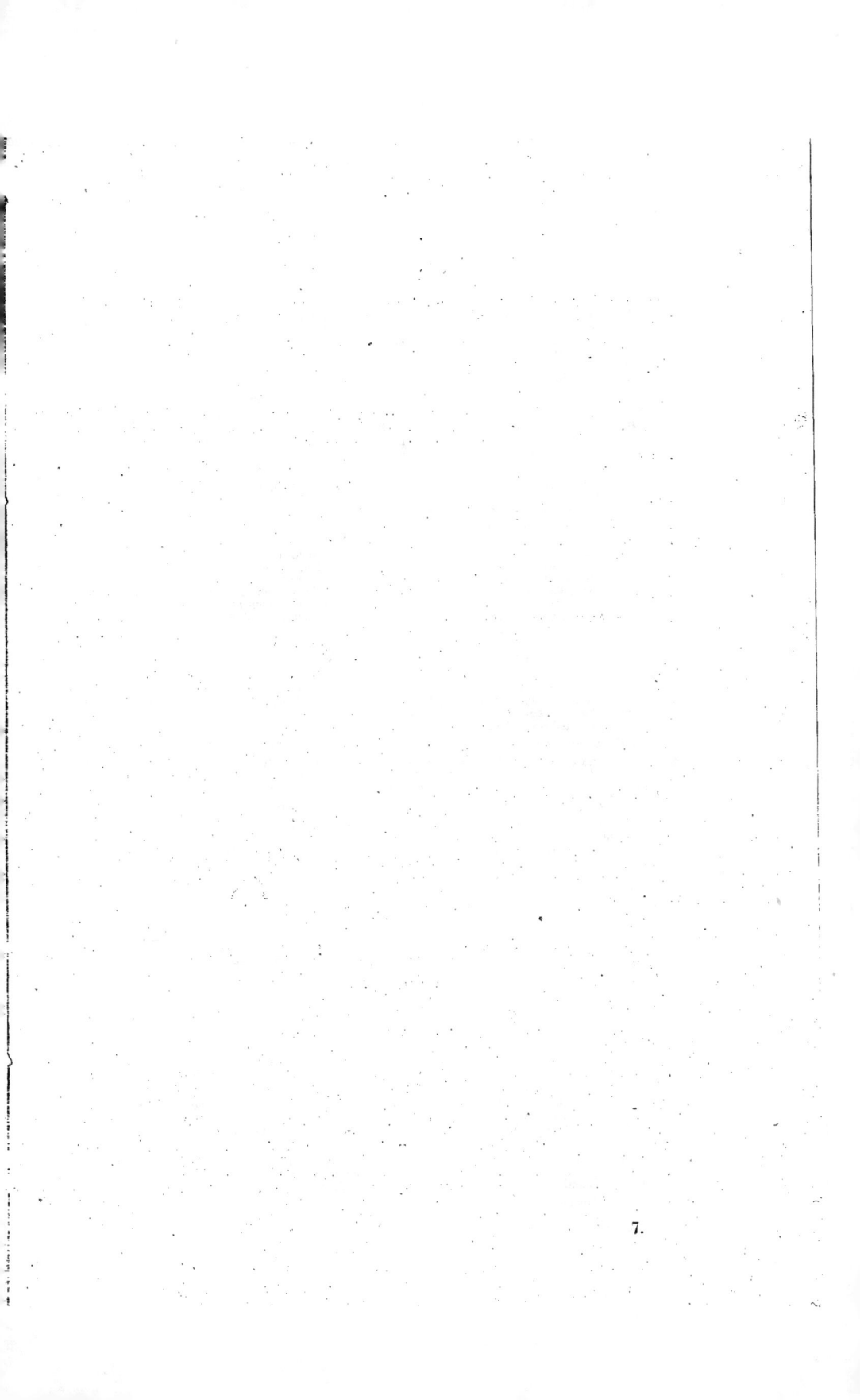

49

Pierre et Paul constituent chacun une hypothèque sur les parts indivises qu'ils amendent respectivement sur cette maison ; puis Paul cède ses droits successifs à Ernest, un étranger. Ernest constitue lui-même une hypothèque sur cette maison.

Que deviennent les hypothèques de Paul et d'Ernest, si la maison est adjugée sur licitation à Pierre ?

Quid si l'adjudication a lieu au profit de Paul ? (Civ. 883.)

680. Que devient l'hypothèque de Pierre si la maison est adjugée sur licitation à Ernest ? (Civ. 883.)

681. Jacques décède, laissant pour héritiers Pierre, Paul et Lucien. Pierre vend à Paul, moyennant le prix de 3,000 fr. payé comptant, ses droits indivis sur un immeuble dépendant de la succession. Cette vente sera-t-elle soumise à la formalité de la transcription ? (Loi du 23 mars 1855, art. 1, 1°.)

682. Lucien vend, moyennant le prix de 3,000 fr. payé comptant, à Paul qui a déjà acquis la part de Pierre, ses droits indivis sur ledit immeuble. Cette vente sera-t-elle soumise à la formalité de la transcription ? (Loi du 23 mars 1855, art. 1, 1°.)

683. Jacques décède, laissant pour héritiers trois neveux, Pierre, Paul et Jean. Sa succession comprend trois immeubles A, B et C, valant chacun 10,000 fr., et divers objets mobiliers, estimés ensemble 6,000 fr. Ces objets mobiliers sont également répartis entre les trois cohéritiers. L'immeuble A est attribué à Pierre, l'immeuble B à Paul, l'immeuble C à Jean.

Ce dernier immeuble est revendiqué par Lucien, un étranger. Les cohéritiers, et spécialement Jean, connaissent les prétentions de Lucien. On insère dans l'acte de partage une clause ainsi conçue : *Les héritiers ne se devront respectivement aucune garantie.*

Jean est évincé de l'immeuble C. Pierre a vendu les meubles et l'immeuble à lui attribués. Il est insolvable. Qu'adviendra-t-il ? (Civ. 884 à 886.)

SECTION V. — DE LA RESCISION EN MATIÈRE DE PARTAGE

684. Jacques décède, laissant pour héritiers ses deux fils, Henri et Pierre. Sa succession comprend diverses valeurs de Bourse évaluées ensemble 60,000 fr., et un immeuble valant 20,000 fr. L'immeuble est estimé, dans l'acte de partage, 42,000 fr., et attribué à Pierre pour cette valeur. Le partage est-il rescindable ? (Civ. 887.)

685. Si oui, ne peut-il pas être ratifié ? Et comment ? (Civ. 1338, 1304, 892.)

686. Jacques décède, laissant pour héritiers ses deux fils, Henri et Pierre. Sa succession ne comprend qu'une maison valant 80,000 fr. Pierre vend à Henri ses droits sur cette maison, moyennant le prix de 29,500 fr. Cette vente est-elle rescindable ? (Civ. 888, al. 1, 889, 887, 890, 1674.)

687. Si elle est attaquée, Henri ne peut-il pas arrêter l'action en rescision ? (Civ. 891.)

688. Henri, dans l'espèce précédente, après avoir acquis la part de Pierre, a constitué une hypothèque de 43,000 fr. sur l'immeuble.

La vente est rescindée. L'immeuble étant impartageable en nature, est licité et adjugé à Pierre, moyennant le prix de 80,000 fr.

Henri, indépendamment de sa dette hypothécaire de 43,000 fr., a pour 86,000 fr. de dettes chirographaires. Quels seront les droits du créancier hypothécaire d'Henri ? (Civ. 883, 1183, 2125.)

TITRE II

Des Donations entre vifs et des testaments

CHAPITRE PREMIER

Dispositions générales

689. Auguste veut faire donation à Ernest d'une maison, avec stipulation qu'Ernest entrera en possession de cette maison dans deux ans seulement. Ferez-vous cet acte ?

Que décider si l'on stipule qu'Ernest n'entrera en possession de la maison qu'au décès du donateur ? (Civ. 894, 939, 942.)

690. Auguste peut-il donner sa maison à Ernest, en stipulant que cette donation sera résolue si Ernest décède avant Jacques ?

Peut-il donner sa maison à Jacques, sous la condition que Jacques survive à Ernest ? (Civ. 894, 1183, 1181.)

691. Auguste peut-il, en donnant sa maison à Ernest, inscrire dans le contrat cette clause : « Cette donation sera résolue si je me marie » ? Peut-il insérer dans le contrat la clause suivante : « Cette donation sera résolue si je me marie avec Jeanne » ? (Civ. 894, 944, 1170, 1171.)

692. Auguste peut-il, après avoir légué la maison à Ernest, vendre ou hypothéquer cette maison ?

Quel sera l'effet de cette vente ou de cette constitution d'hypothèque ? (Civ. 895, 871.)

50

CHAPITRE II

De la Capacité de disposer ou de recevoir par donation entre vifs ou par testament

693. Jacques, interdit judiciairement, veut, dans un intervalle lucide, faire donation d'une somme de 5,000 fr. à Pierre, et instituer Paul pour son légataire universel. Ferez-vous ces actes? (Civ. 901, 502. — Arrêt de la Cour de cassation du 27 février 1883; Sirey. 84, 1, 65.)

694. Sylvestre est pourvu d'un conseil judiciaire. Il veut faire donation entre vifs d'une maison à Pierre et léguer un domaine rural à Paul. Ferez-elle ces deux actes? (Civ. 499, 513, 901.)

695. Jacques, sans être interdit ni pourvu d'un conseil judiciaire, est dans un état notoire de démence; il veut instituer Louis, l'un de ses voisins, pour son légataire universel, et donner un champ à Pierre, son autre voisin. Ferez-vous le testament et la donation?
Que décider, s'il se présentait chez vous dans un intervalle lucide? (Civ. 901, 503, 504.)
Qu'adviendra-t-il si vous indiquez dans le testament et la donation que le disposant vous a paru ainsi qu'aux témoins sain d'esprit?

696. Lucien a pour héritiers présomptifs Pierre et Paul, ses deux frères. Il est atteint d'une monomanie, consistant à croire qu'il appartient à une famille princière. Il institue Pierre pour son légataire universel. Ce testament est-il valable?
Que décider si sa monomanie eût consisté à croire que Paul tramait contre lui de perpétuels complots et qu'il l'eût déshérité sous l'influence de cette idée? (Civ. 901.)

697. Guillaume veut faire une donation, ou un testament, en faveur de Jean; il est en état d'ivresse. Ferez-vous cet acte? (Civ. 901.)

698. Guillaume, cédant aux importunités de Pierre, consent à lui faire donation de 5,000 fr. Louis, ayant eu des difficultés avec Louise, sa sœur et son héritière présomptive, veut instituer pour son légataire universel Paul, un étranger. Ferez-vous ces deux actes?
Que décider si Paul s'était emparé par captation de la bienveillance de Louis? (Civ. 901, 1116.)

699. Gabrielle, mineure non émancipée, âgée de 15 ans et 6 mois, ayant une fortune personnelle de 300,000 fr., veut faire donation à Germaine, son amie, d'une échoppe valant 4,000 fr. Ferez-vous cet acte?
Que décider si elle était âgée de 18 ans? Que décider si elle était émancipée? (Civ. 902 à 904, 476, 477.)

700. Gabrielle se marie à l'âge de 15 ans et 6 mois? Un mois après la célébration du mariage, elle veut faire une donation à son mari. Le peut-elle?
Que décider si elle voulait faire cette donation trois ans après la célébration de son mariage? (Civ. 903, 904, 476, 477, 144, 145, 1095, 1398.)

701. Clément, mineur non émancipé, âgé de 15 ans et 2 mois, ayant une fortune de 100,000 fr., veut instituer Jacques pour son légataire universel. Ferez-vous cet acte? Que décider si Clément était émancipé? S'il était âgé de 17 ans et non émancipé? S'il était âgé de 17 ans et émancipé? (Civ. 903, 904, 913 à 916.)

702. Sylvestre, âgé de 18 ans, a fait un testament olographe aux termes duquel il a institué Jacques, son ami, pour légataire universel. Il meurt à l'âge de 22 ans, sans héritier réservataire, laissant un frère et une fortune de 60,000 fr. Répartir sa succession. (Civ. 904.)

703. Xavier décède, laissant pour lui succéder sa veuve, son père et deux tantes maternelles; mais après avoir fait à l'âge de 18 ans un testament par lequel il a légué à son père tout ce dont la loi lui permettait de disposer. Sa succession vaut 48,000 fr. La répartir. (Civ. 904, 914, 754, 767.)

704. Louise, mariée avec Ernest, veut faire donation à Marie d'une maison. Elle se présente chez vous avec une autorisation maritale sous seing privé. Ferez-vous cet acte? (Civ. 905, 217, 219.)

705. Que décider si le mari est absent? (Civ. 905, 217, 219, 222.)

706. La femme séparée de corps peut-elle faire une donation entre vifs sans autorisation? (Civ. 311.)

707. Louise, mariée avec Ernest, veut léguer à Marie une maison. Ferez-vous ce testament malgré l'opposition d'Ernest? (Civ. 905, 226.)

708. Hippolyte a été condamné aux travaux forcés à perpétuité. Peut-il transmettre son champ à Raymond par donation ou testament? (Art. 3 de la loi du 31 mai 1854.)

709. Que décider si Hippolyte a été condamné à vingt ans de travaux forcés? (Pén. 29.— Civ. 511.)

710. Ernest est en état de faillite. Il veut faire donation à Jean d'une maison dont il vient d'hériter. Ferez-vous cet acte?
Il veut instituer Jean pour son légataire universel. Ferez-vous ce testament? (Co. 446.)
Même question, en supposant qu'Ernest soit en état de liquidation judiciaire. (Lois du 4 mai 1889 et du 4 avril 1890.)

51

711. Paul fait, à la date du 4 mars 1860, une donation entre vifs de 20,000 fr. au premier enfant qu'aura sa nièce, mariée depuis trois mois avec Pierre. Pierre accepte le 1er septembre et fait notifier cette acceptation à Paul le même jour. La nièce de Paul accouche le 25 février suivant. Cette donation est-elle valable?

Que décider si Paul eût légué ces 20,000 fr. le 4 mars 1860 et fût mort le 1er septembre suivant? (Civ. 906, 935, 312, 313.)

712. Léon a légué, le 11 mars 1891, 50,000 fr. à la Compagnie de Jésus (congrégation non autorisée). Il meurt le 1er janvier 1892. Ce legs est-il valable?

Que décider s'il avait légué ces 50,000 fr. à un membre de cette congrégation religieuse?—Que décider si un décret du 15 novembre 1891 avait autorisé la Compagnie de Jésus? (Civ. 906, 911.)

713. Lucien veut faire donation de 25,000 fr. à Jeanne, mariée avec Théodore sous le régime de la séparation de biens. Qui ferez-vous comparaître au contrat?

Même question, en supposant que Théodore soit absent. (Civ. 217, 222.)

714. Léon a légué, le 1er mars 1890, 60,000 fr. aux Frères des Écoles chrétiennes (congrégation autorisée). Il meurt le 5 mars 1901. Ce legs est-il valable? (Civ. 910. — Loi du 2 janvier 1817, art. 1, et ord. du 2 avril 1817. — Ord. du 14 janvier 1831, art. 3 et 5. — Décret du 21 août 1872, art. 5, 5o. — Décret du 30 juillet 1863. — Décret du 1er février 1896. — Loi du 4 février 1901. — Loi du 2 juillet 1901 sur les Associations.)

715. Léon veut donner 3,000 fr. à la Fabrique de sa paroisse, à la charge par la Fabrique de faire dire douze messes par an pour le repos de l'âme du père du donateur. Ferez-vous cet acte? (Civ. 910. — Décret du 12 août 1807. — Loi du 2 janvier 1817, art. 1. — Ord. du 2 avril 1817. — Ord. du 14 janvier 1831, art. 3. — Décret du 15 février 1862. — Décret du 30 juillet 1863.)

716. Jacques a légué 10,000 fr. aux pauvres de Bordeaux. Ce legs est-il valable? Qui le recueillera? (Civ. 910. — Décret du 25 mars 1852, art. 1. — Décret du 13 avril 1861, art. 1, tableau A 49o et 67o v, art. 6, 19o. — Ord. du 14 janvier 1831, art. 3 et 5. — Arrêté du 4 pluviôse an XII. — Décret du 30 juillet 1863. — Ord. du 31 octobre 1821.)

717. Jacques a légué 5,000 fr. à l'Hôpital Saint-André de Bordeaux. Ce legs est-il valable? (Civ. 910. — Loi du 7 août 1851, art. 9, 10 et 11. — Décret du 21 août 1872, art. 5. — Arrêté du 4 pluviôse an XII. — Loi du 21 mai 1873.)

718. Jacques a fait donation de 6,000 fr. à l'Hospice des Aliénées de Bordeaux. Mais avant que l'Hospice ait été autorisé à accepter cette donation, Jacques déclare la révoquer. Que devient cette donation?

N'y a-t-il pas moyen de prévenir les effets d'une pareille révocation? (Civ. 910. — Loi du 7 août 1851, art. 9, 10 et 11. — Décret du 21 août 1872, art. 5. — Ord. du 31 octobre 1821. — Loi du 16 messidor an VII.)

719. Pierre veut faire donation à sa commune d'une somme de 20,000 fr., à la charge par la commune d'élever sur la place une fontaine publique. Quelles seront les formalités à remplir pour l'acceptation de cette donation? (Civ. 910. — Loi du 5 avril 1884, art. 68, 111 à 113.)

720. Eugène a été condamné aux travaux forcés à perpétuité. Jacques lui lègue 50,000 fr. Ce legs est-il valable?

Que décider si Eugène avait été condamné à quinze ans de travaux forcés? (Loi du 31 mai 1854, art. 3, al. 1. — Pén. 29.)

721. Lucien, âgé de 9 ans, placé sous la tutelle de son oncle, veut lui léguer la moitié de ses biens. Ferez-vous ce testament? (Civ. 907.)

Que décider si Lucien est marié depuis six mois. (Civ. 476, 907.)

Que décider si Lucien veut faire ce legs au père, à la mère ou à l'épouse de son oncle? (Civ. 911, 1352.)

722. Jacques, qui était placé sous la tutelle de son oncle, est majeur depuis quinze jours. Il veut faire donation à son père d'une maison. Ferez-vous cet acte? (Civ. 907.)

723. Louis est placé sous la tutelle légale de sa mère. Celle-ci se marie en secondes noces avec Théodore. A l'âge de 17 ans, Louis est émancipé. Il lègue 20,000 fr. au deuxième mari de sa mère. Ce legs est-il valable? (Civ. 907, 911, 395, 396.)

724. Jean est placé sous la tutelle légale de sa mère qui est assistée, conformément à l'article 391, d'un conseil, Guillaume. Il a pour subrogé tuteur Maurice. Jean, qui est âgé de 19 ans, veut léguer à Guillaume 1,000 fr., et à Maurice 2,000 fr. Ferez-vous ce testament? Ces legs sont-ils valables? (Civ. 907.)

725. Louis a pour conseil judiciaire Ernest. Il veut instituer ce dernier pour son légataire universel. Ferez-vous ce testament? (Civ. 907.)

726. Un testament est ainsi conçu : « Je lègue toute ma fortune à Louis, mon fils naturel, qui a pour mère Marie, et qui est enregistré sur les actes de l'état civil de la ville de Bordeaux comme né de père et mère inconnus. » Ce legs est-il valable? (Civ. 908, 334, 756 à 760.)

727. Jean meurt, laissant pour héritiers Georges, son frère, et Etienne, son fils naturel. Il a légué 50,000 fr. à Lucien, enfant légitime d'Etienne. Sa succession vaut 100,000 fr. La répartir.

728. Jean meurt, laissant pour héritier légitime son frère; il a institué pour son légataire universel Lucien, enfant légitime d'Etienne, lequel Etienne est l'enfant naturel reconnu du testateur. Ce legs est-il valable si Etienne est vivant au moment du décès de Jean? Est-il valable si Etienne est mort? (Civ. 908, 911, 913, 759.)

52

729. Mathilde a fait, pendant le cours de la maladie dont elle est morte, un testament aux termes duquel elle a légué 20,000 fr. à son médecin, 2,000 fr. à son pharmacien et 15,000 fr. au curé de sa paroisse. Ces legs sont-ils valables? Auriez-vous rédigé ce testament? Que décider si elle avait pour médecin son mari? (Civ. 909, al. 1 et 4, 212.)

730. Hector, pendant le cours de sa dernière maladie, a légué à Pierre, son médecin, qui est en même temps son cousin germain, une somme de 25,000 fr. Il meurt sans héritier réservataire. Ce legs est-il valable? Que décider si son père lui avait survécu? (Civ. 909, al. 3.)

Hector, pendant le cours de sa dernière maladie, a légué à Pierre, son médecin, qui est en même temps son cousin germain, 25,000 fr. Il meurt, laissant un frère, son aïeul paternel, et son aïeule maternelle. Sa succession vaut 200,000 fr. La répartir. (Civ. 909, al. 3.)

Quid si Hector a institué légataire universel Pierre, son médecin et cousin germain?

731. La sœur Louise, dont la fortune s'élève à 16,000 fr., veut léguer tous ses biens à la communauté des Filles de la charité (congrégation autorisée dont elle fait partie). Ferez-vous ce testament?

Même question, en supposant qu'elle veuille léguer tous ses biens à la sœur Marie, autre membre de la même communauté.

Mêmes questions, en supposant que sa fortune s'élève à 80,000 fr. au jour de son décès.

— Pierre, votre client, veut léguer le tiers de ses biens à la communauté des Filles de la Charité. Le peut-il?

(Loi du 24 mai 1825, art. 4 et 5. — Ord. du 14 janvier 1831, art. 3. — Civ. 910. — Loi du 2 janvier 1817, art. 1. — Ord. du 2 avril 1817.)

CHAPITRE III

De la Portion de biens disponible et de la réduction

SECTION I. — DE LA PORTION DE BIENS DISPONIBLE

732. Jean, après avoir fait donation entre vifs à son ami Ernest d'une somme de 20,000 fr., meurt, laissant pour seul héritier son fils, Paul. Les biens existant à son décès s'élèvent à la somme de 10,000 fr. Quels sont les droits de Paul? (Civ. 913, 920.)

733. Louis institue pour son légataire universel son ami François. Il meurt, laissant pour héritiers son fils adoptif, Pierre, et sa fille légitime, Louise. L'actif de la succession s'élève à 30,000 fr. Déterminer les droits respectifs de François, de Pierre et de Louise.— Même question, en supposant que Pierre ou Louise renonce à la succession. (Civ. 913, 350, 343.)

734. Jacques institue pour son légataire universel son ami Ernest. Il meurt, laissant pour héritiers sa fille légitime, Mathilde; deux fils légitimes, Pierre et Paul, et trois petits-enfants issus de Marie, fille légitime prédécédée. L'actif net de sa succession s'élève à 30,000 fr. Déterminer les droits de chacun. (Civ. 913, 333.)

735. Lucien institue pour son légataire universel son ami Maurice. Il meurt, laissant pour seul héritier son fils, Jacques, lequel est père de cinq enfants légitimes. L'actif net de la succession de Lucien s'élève à 30,000 fr. Jacques renonce à cette succession. Déterminer les droits de chacun.

Même question, en supposant que Jacques soit mort avant Lucien. (Civ. 913.)

736. Louis institue pour son légataire universel son ami Jacques. Il meurt, laissant un actif de 30,000 fr.

Un fils adoptif de Louis est prédécédé, laissant deux enfants légitimes, Pierre et Paul, nés, le premier, avant l'adoption; le deuxième, depuis l'adoption.

Un fils légitime de Louis est prédécédé, laissant trois enfants légitimes, Lucien, Félix et Maurice. Déterminer les droits de chacun. (Civ. 913, 740, 745.)

737. Louis meurt, laissant un légataire universel, deux enfants légitimes, Pierre et Paul, et un actif net de 90,000 fr. Pierre renonce la succession. Déterminer les droits de Paul et du légataire universel,

Quid si Pierre, au lieu d'être renonçant, était indigne?

738. Louis meurt, laissant un légataire universel, un enfant légitime et une sœur. Sa succession vaut 90,000 fr. L'enfant légitime y renonce. La répartir.

739. Louis meurt, laissant un légataire universel et trois enfants légitimes. L'aîné de ses enfants a lui-même un fils légitime, Robert; les deux autres n'ont point de descendants. La succession de Louis vaut 80,000 fr. Les trois enfants de Louis y renoncent. Déterminer les droits de Robert et du légataire universel.

740. Ferdinand institue pour son légataire universel son ami Ernest. Il meurt, laissant un actif net de 30,000 fr. Il avait deux fils, Pierre et Paul, et une sœur, Marie. Pierre est absent depuis trois ans; Paul a été condamné aux travaux forcés à perpétuité pour avoir assassiné son voisin. Déterminer les droits de chacun.

Que décider si Paul avait encouru cette condamnation pour avoir assassiné le *de cujus*? (Civ. 913, 136, 727, al. 1er. — Loi du 31 mai 1854, art. 3.)

53

741. François institue pour son légataire universel son ami Louis. Il meurt, laissant son père, un oncle maternel et un fils unique. L'actif net de la succession s'élève à 30,000 fr. Le fils renonce à cette succession. La répartir. (Civ. 913, 914.)

742. Hippolyte institue pour son légataire universel son ami Jacques. L'actif de sa succession s'élève à 30,000 fr. Il meurt, laissant son père, son aïeul maternel et les père et mère de son aïeule maternelle. Déterminer les droits de chacun. (Civ. 914, 746.)

743. Louis a légué les deux cinquièmes de ses biens à son ami Guillaume. L'actif net de sa succession s'élève à 30,000 fr. Il meurt, laissant pour héritiers son père et sa sœur. Déterminer les droits de chacun.

Que décider s'il eût laissé pour héritiers son père et un oncle maternel? Que décider si, dans ce dernier cas, il eût légué à Guillaume les deux tiers de ses biens? (Civ. 914, 751, 753, 754.)

744. Jacques institue pour son légataire universel son ami Maurice. L'actif net de sa succession s'élève à 30,000 fr. Il meurt, laissant un frère, ses deux aïeuls paternels et un aïeul maternel. Déterminer les droits de chacun. — Qu'adviendra-t-il si le frère renonce à la succession? (Civ. 914, 750, 785, 780 *in fine.*)

745. Louis meurt, laissant un légataire universel, un enfant légitime, un enfant naturel et un actif net de 90,000 fr. Déterminer les droits de chacun. (Civ. 913, 758.)

746. Que décider s'il eût laissé un légataire universel, deux enfants légitimes et un enfant naturel?

747. Que décider s'il eût laissé un légataire universel, quatre ou cinq enfants légitimes et un enfant naturel?

748. Pierre meurt, laissant un légataire universel, ses père et mère, une sœur, un enfant naturel et un actif net de 90,000 fr. Déterminer les droits de chacun. (Civ. 913, 759, 915.)

749. Que décider s'il eût laissé un légataire universel, sa mère, une sœur et un enfant naturel? (Civ. 915.)

750. Que décider s'il eût laissé un légataire universel, ses aïeuls paternels et maternels, une sœur et un enfant naturel? (Civ. 915.)

751. Que décider s'il eût laissé un légataire universel, son aïeule paternelle, ses deux aïeuls maternels et un enfant naturel? (Civ. 915.)

752. Que décider s'il eût laissé un légataire universel, son père, un oncle maternel et un enfant naturel? (Civ. 915.)

753. Que décider s'il eût laissé un légataire universel, un cousin paternel, un oncle maternel et un enfant naturel? (Civ. 913, 760.)

754. Que décider s'il fût décédé sans aucun parent légitime au degré successible et laissant un légataire universel et un enfant naturel? (Civ. 913, 760.)

755. André meurt, laissant un légataire universel, Henri, et trois enfants légitimes : Émile, issu d'un premier mariage; Joseph, issu d'un deuxième, et Robert, issu d'un troisième.

Au cours du deuxième mariage, il a reconnu un enfant naturel, Albert, né avant la célébration de ce deuxième mariage et postérieurement à la dissolution du premier. L'actif net de sa succession s'élève à 96,000 fr. Déterminer les droits de chacun. (Civ. 337, 913, 758.)

756. Louis, âgé de 17 ans, fait un testament aux termes duquel il institue Georges pour son légataire universel.

Il meurt à l'âge de 30 ans, laissant sa veuve Louise; deux enfants légitimes, Pierre et Paul, et une fille naturelle, Adrienne, qu'il a reconnue avant son mariage et qui a pour mère une femme autre que Louise.

Sa succession vaut 90,000 fr. La répartir. (Civ. 904, 913, 758, 767.)

Même question, en supposant que Louis ait reconnu Adrienne au cours de son mariage avec Louise (Civ. 337.)

757. Jacques décède, laissant un légataire universel, un enfant légitime, Paul, et un enfant naturel. L'actif net de sa succession s'élève à 30,000 fr. Déterminer les droits de chacun.

Que décider si Paul, qui est lui-même père d'un enfant légime, Lucien, renonce à la succession? (Civ. 913, 758.)

758. Pierre décède, laissant un légataire universel, un enfant légitime et deux enfants naturels, L'actif net de sa succession s'élève à 90,000 fr. Déterminer les droits de chacun.

759. Que décider s'il eût laissé un légataire universel, un enfant légitime et trois enfants naturels?

760. Que décider s'il eût laissé un légataire universel, ses père et mère et quatre enfants naturels? (Civ. 913, 759, 915.)

761. Que décider s'il eût laissé un légataire universel, ses deux aïeuls paternels et quatre enfants naturels? (Civ. 913, 759, 915.)

762. Lucien décède, laissant son père et sa mère naturels. Il a institué pour son légataire universel son ami François. L'actif net de sa succession s'élève à 30,000 fr. La répartir. (Civ. 765.)

763. Lucien, veuf de Louise, reconnaît pour son fils Guillaume, né de Jeanne, le 15 janvier 1891, à une époque où Lucien était marié avec Louise. Lucien meurt après avoir institué

pour son légataire universel son ami Paul. La succession s'élève à 20,000 fr. Que deviendra-t-elle? (Civ. 762, 335.)

764. Du mariage de Jacques et de Louise est issu un enfant, Jérôme. Le mariage de Jacques et de Louise est annulé, comme ayant été contracté en violation de l'article 163 du Code civil.

Jacques a institué pour son légataire universel son ami Ernest. L'actif net de sa succession s'élève à 100,000 fr. Déterminer les droits d'Ernest et de Jérôme. (Civ. 762 à 764.)

Quid si Louise était de bonne foi ? (Civ. 202.)

765. Pendant le mariage de Pierre et de Lucie est née une fille, Louise. Pierre intente une action en désaveu, conformément à l'article 312 du Code civil. Le Tribunal admet le désaveu. Louise meurt, après avoir institué son amie Jeanne légataire universelle. Pierre et Lucie lui survivent. La succession s'élève à 12,000 fr. Que deviendra-t-elle ?

Si Louise avait institué pour sa légataire universelle sa mère adultérine Lucie, ce legs eût-il été valable ?

766. Henri a deux enfants, Louis et Louise. Aux termes des contrats de mariage de ces derniers, Henri a fait donation à titre d'avancement d'hoirie à Louis de 35,000 fr. et à Louise de pareille somme. Il meurt après avoir fait un testament aux termes duquel il dispense Louise du rapport des 35,000 fr. à elle donnés par contrat de mariage.

Les biens existant à son décès s'élèvent à la somme nette de 20,000 fr. Partager la succession. (Civ. 913, 919, 843, 845.)

767. Jacques meurt laissant une fille, Marguerite; un fils, Ernest, et un patrimoine dont l'actif net s'élève à 100,000 fr. Il a légué à Paul, âgé de 52 ans au moment du décès du testateur, une rente viagère de 3,000 fr. Répartir la succession.

Que décider si Jacques avait légué à Paul l'usufruit d'un bien valant 75,000 fr. (Civ. 917,1970.)

768. Que décider si Jacques avait légué à Paul la nue propriété de ce bien ? (Civ. 917.)

769. Lucien a deux fils, Pierre et Paul. Il ne possède qu'un immeuble valant 9,000 fr. Il le vend à Henri, son voisin, moyennant une rente viagère de 900 fr. Pierre et Paul pourront-ils inquiéter Henri à ce sujet?

Que décider si la vente eût été faite à Pierre? (Civ. 918.)

770. Jean a deux fils, Henri et Victor. Il vend à Victor, du consentement d'Henri, un immeuble valant 30,000 fr. dont il se réserve l'usufruit. Il meurt, laissant pour héritiers Henri, Victor et une fille, Sophie, qui n'était pas encore conçue au moment de la vente consentie à Victor. Les biens existant à son décès s'élèvent à la somme nette de 14,000 fr. Déterminer les droits de chacun.

Que décider si Jean se fût réservé un droit d'usage au lieu d'un droit d'usufruit ?

Que décider s'il eût vendu la pleine propriété de l'immeuble? (Civ. 918.)

SECTION II. — DE LA RÉDUCTION DES DONATIONS ET LEGS

771. Albert a fait donation à son ami Ludovic d'un vignoble valant, au jour de la donation, 50,000 fr. Ludovic fait construire une maison de maître. Albert meurt, laissant pour héritiers son père et une tante maternelle. Au jour de son décès, le vignoble ayant été phylloxéré ne vaut plus que 25,000 fr., et si la maison de maître n'existait pas, il ne vaudrait que 16,000 fr. Les biens existant au décès s'élèvent à la somme nette de 4,000 fr. Déterminer les droits de chacun. (Civ. 922.)

772. Pierre a légué 30,000 fr. à son ami Louis. Il meurt, laissant son père et son aïeul maternel. Les biens existant à son décès comprennent une créance de 5,000 fr. sur Lucien, insolvable; trois créances de 500 fr., 1,500 fr. et 2,000 fr. sur des débiteurs d'une solvabilité douteuse, et un immeuble valant 50,000 fr. au jour du décès et 60,000 fr. au jour du partage. Les dettes de la succession s'élèvent à 3,000 fr. Déterminer les droits de chacun. (Civ. 922.)

773. Clément a donné 30,000 fr. à Jacques, son ami. Il meurt, laissant un fils, un actif de 100,000 fr. et un passif de 140,000 fr. Déterminer les droits de chacun. (Civ. 922, 921.)

774. Gabriel a donné par préciput à sa fille, Marie, un mobilier estimé 5,000 fr. Il meurt insolvable, laissant pour héritiers sa fille, Marie, et deux fils, Pierre et Paul. Le mobilier donné vaut, au jour de son décès, 4,000 fr. Qu'adviendra-t-il ? (Civ. 922, 868.)

775. Aux termes d'un testament public, en date du 15 janvier 1885, Paul a institué Jules pour son légataire universel. — Aux termes d'un deuxième testament public, en date du 1er juillet 1887, il a légué à Louis 20,000 fr. Il meurt, laissant un oncle paternel, un cousin maternel et un enfant naturel, et un patrimoine de 60,000 fr. Déterminer les droits de chacun. (Civ. 760, 913, 926.)

776. Jacques a fait donation à Auguste, le 1er mai 1884, de 25,000 fr.; à Paul, le 15 juillet 1885, de 30,000 fr.; à Victor, le 12 septembre 1886, de 20,000 fr. Il meurt le 1er juin 1890, laissant son père et ses deux aïeuls maternels. Les biens existant à son décès s'élèvent à 18,000 fr., dettes déduites. Composer la masse. Répartir la succession. (Civ. 923.)

777. Louis a fait donation à Pierre, le 20 septembre 1888, d'un immeuble valant 15,000 fr. au jour de la donation et 16,000 fr. au jour du décès de Louis. Il a légué, par testament du 15 février précédent, 20,000 fr. à Lucien, et par testament du 23 novembre 1889, 10,000 fr. à Ernest. Il meurt, laissant un fils légitime, Hippolyte, 80,000 fr. d'actif et 48,000 fr. de passif. Déterminer les droits de chacun. (Civ. 923, 926.)

55

778. Que décider si Louis avait déclaré vouloir que le legs d'Ernest fût acquitté de préférence à tous autres? (Civ. 927.)

779. Eugène a fait donation, le 23 janvier 1887, à Camille, de 20,000 fr.; le 28 février suivant, il a fait donation à Clément de 30,000 fr. Il meurt le 12 mai 1889, laissant un fils légitime, Paul, et un actif de 10,000 fr. Clément est insolvable. Composer la masse. Répartir la succession. (Civ. 923.)

780. Georges a fait donation à Pierre de 50,000 fr. et, quinze jours après, à Raymond, d'une maison sise à Bordeaux, d'un domaine rural et de meubles meublants. Il meurt, laissant ses père et mère et un actif net de 20,000 fr.

Au jour de son décès, la maison vaut 15,000 fr., le domaine rural, 10,000 fr.. et les meubles meublants, 5,000 fr.

Raymond a grevé la maison d'une hypothèque et le domaine rural d'un droit d'usufruit.

Composer la masse. Répartir la succession. Que deviendront l'hypothèque et l'usufruit? (Civ. 923, 929.)

781. Qu'adviendrait-il si Raymond avait vendu à Henri les meubles meublants et donné, un mois après, à Paul, le domaine rural? (Civ. 2279, 930.)

782. Adolphe a fait donation à Léon d'une somme de 50,000 fr. et d'une maison louée 365 fr. par an. Il meurt le 14 mai 1898, laissant un neveu, un enfant naturel et un actif net de 12,000 fr. La maison vaut 7,000 fr. au jour de son décès. L'héritier réservataire fait la demande en réduction le 12 février 1899. Que doit restituer Léon?

Que décider si la demande en réduction eût été faite le 24 juin 1899? (Civ. 928, 759.)

783. Guillaume meurt le 10 mars 1890, laissant un frère et une sœur. Il a fait donation à son frère de deux maisons valant, au jour du décès, l'une 20,000 fr., l'autre 10,000 fr. Celui-ci a vendu la maison de 20,000 fr. à Louis, et quelque temps après la maison de 10,000 fr. à François. Guillaume laisse un actif net de 10,000 fr. La sœur intente l'action en partage le 15 mars 1891. Composer la masse. Partager la succession.

Que décider si la donation eût été faite avec dispense de rapport?

Que décider si Guillaume eût laissé son père et sa mère, que la donation eût été faite à un ami du défunt, et que la demande en réduction eût été intentée par ceux-ci le 15 mars 1891?

Que décider, enfin, si la donation à son ami eût été faite avec dispense de réduction? (Civ. 845, 856, 928, 860, 930.)

784. Jean meurt, laissant pour héritiers ses deux fils, Pierre et Paul. Il fait donation à Pierre, sans dispense de rapport, de deux maisons valant chacune 12,000 fr. Les biens existant à son décès comprennent, toutes dettes payées, 1,000 fr. en espèces et une maison valant 11,000 fr. Pierre et Paul acceptent la succession. Composer la masse. Faire le partage. — Que décider si la donation eût été faite par préciput? (Civ. 866, 924.)

785. Que décider si, dans l'espèce précédente, Pierre eût renoncé à la succession? (Arrêt solennel de la Cour de cassation du 27 novembre 1863.)

CHAPITRE IV

Des Donations entre vifs

SECTION I. — DE LA FORME DES DONATIONS ENTRE VIFS

786. Pierre veut faire donation à Paul d'une maison sise à Bordeaux. Quelles sont les conditions de forme prescrites par la loi pour l'existence de cet acte? (Civ. 931, 932, 939, 1339, 1340. — Loi du 25 ventôse an XI, art. 9. — Loi du 21 juin 1843, art. 2.)

787. Quelles formalités reste-t-il à remplir, si Paul n'a point assisté à l'acte de donation? (Civ. 932, 939.)

788. Pierre a remis à Paul, à titre de don manuel, un titre nominatif de 500 fr. de rente 3 °/₀ sur l'Etat français, immatriculé au nom du donateur. Pierre peut-il revendiquer ce titre en se fondant sur l'inexistence de la donation? (Civ. 931.)

789. Pierre est usufruitier d'un domaine dont la nue propriété appartient à Paul. Il veut renoncer à cet usufruit. Dans quelle forme devra être faite cette renonciation?

790. Suivant contrat passé dans la forme ordinaire des ventes notariées, Eugène a vendu à Félix une maison moyennant : 1° une somme de 20,000 fr., payable au vendeur, et 2° le service, au profit de la mère dudit vendeur, d'une rente annuelle et viagère de 1,000 fr. Cet acte est-il valable? (Civ. 1121, 1973.)

791. Pierre et Paul sont respectivement capables, l'un de disposer, l'autre de recevoir à titre gratuit. Pierre vend à Paul une maison, moyennant le prix de 30,000 fr. qu'il reconnaît avoir reçu avant le contrat de vente et hors la vue des notaires. En réalité, Paul n'a rien payé à Pierre. Cet acte est-il valable? (Civ. 911.)

792. Suivant acte passé devant Mᵉ X..., notaire à Bordeaux, en présence réelle de deux témoins, Jean a déclaré faire donation à Jacques, qui a accepté, d'un ameublement de salon estimé en bloc

56

4,000 fr., et d'un ameublement de salle à manger estimé en bloc 1,200 fr. Cet acte est-il valable? (Civ. 948.)

793. Lucien veut faire donation : 1° de 5,000 fr. à Jeanne, mariée sous le régime de la séparation de biens ; 2° de 3,000 fr. à Pierre, enfant mineur ; 3° de 4,000 à Paul, interdit judiciairement ; 4° de 6,000 fr. à Jacques, interdit légalement ; 5° de 2,000 fr. à Hector, pourvu d'un conseil judiciaire ; 6° de 8,000 fr. à Louis, en état de faillite ; 7° et de 1,000 fr. à Hippolyte, sourd-muet. Quelles personnes devront comparaître à ces divers actes de donation? (Civ. 934, 217, 219, 935, 463, 389, 499, 513, 936, 942.)

794. Maurice veut faire donation à l'Institut des Frères des écoles chrétiennes (congrégation autorisée) d'un immeuble sis à Bordeaux, et à la communauté des Sœurs de Charité (congrégation autorisée), d'une somme de 50,000 fr. Quelles formalités devront être remplies? (Civ. 910, 937 ; ord. du 14 janvier 1831, art. 3; loi du 2 janvier 1817 ; loi du 24 mai 1825, art. 4; loi du 18 juillet 1837, art. 19, 48 ; décret du 26 mars 1852, art. 8.)

795. Jean veut faire donation à la communauté des Carmes (congrégation non autorisée) d'une maison sise à Bordeaux. Le peut-il? (Civ. 937, 906, 911.)

796. Pierre fait donation à Paul de divers meubles meublants et d'une somme de 5,000 fr. due au donateur par Louis. Quelles sont les formalités nécessaires pour que cette donation soit valable : 1° dans les rapports du donataire avec le donateur ; 2° dans les rapports du donataire avec les tiers? (Civ. 1141, 1690.)

797. Jean fait donation à Jacques, le 1er février 1890, d'une maison sise à Libourne. Il vend la maison à Lucien, le 15 mars suivant. Lucien fait transcrire le contrat de vente le 20 mars, et Jacques le contrat de donation le 25 mars. Qu'adviendra-t-il? (Civ. 939.)

798. Louis fait donation, le 2 avril 1890, d'un domaine sis à Lesparre, au mineur Maurice, placé sous la tutelle de son aïeul Ludovic. Le 3 mai suivant, Ludovic, créancier de Louis, obtient un jugement condamnant ce dernier à lui payer 4,000 fr. L'hypothèque judiciaire prise en vertu de ce jugement portera-t-elle sur le domaine donné, le contrat de donation n'ayant pas été transcrit? (Civ. 940, 941.)

799. Ernest fait donation à François de la prochaine récolte que produira son champ. Cette donation est-elle valable? Si oui, sera-t-elle soumise à la formalité de la transcription? (Civ. 943, 950, 520.)

800. Louis fait donation à Pierre de divers meubles meublants, mais en se réservant la liberté de disposer d'une table comprise parmi ces meubles. Il est stipulé que si Louis meurt sans avoir disposé de cette table, elle deviendra la propriété définitive du donataire. Louis décède, laissant pour hériter son frère Auguste. Il n'a point disposé de la table. A qui appartiendra-t-elle?
Que décider si la donation au profit de Pierre eût été faite dans le contrat de mariage de ce dernier? (Civ. 943, 947.)

801. Jacques fait donation à Jean de divers effets mobiliers, avec réserve d'usufruit au profit du donateur. Jacques sera-t-il tenu de fournir caution? (Civ. 601.)
A l'expiration de l'usufruit, il manque une armoire estimée dans l'état annexé à l'acte de donation 150 fr. Qu'adviendra-t-il? (Civ. 949, 950, 1302.)

802. Hippolyte a fait donation à Lucien, son fils adoptif, d'une maison, d'un domaine rural et de divers objets mobiliers. Lucien vend la maison et grève le domaine rural d'une hypothèque de 3,000 fr. Il meurt, sans descendant légitime, laissant pour seul héritier son frère Paul. Les objets mobiliers à lui donnés par son père adoptif, qui lui survit, se retrouvent en nature. Quels seront les droits d'Hippolyte? (Civ. 351.)

803. Henri a fait donation à son petit-fils Maurice, d'une maison, d'un domaine rural et de divers objets mobiliers. Maurice meurt, laissant pour héritiers ses père et mère. Il a vendu la maison, donné le tiers des objets mobiliers et grevé le domaine rural d'une hypothèque au profit de Louis. Quels seront les droits d'Henri? (Civ. 747.)

804. Louise, mère naturelle de Joseph et de Ludovic, se marie avec Paul. De ce mariage, naît une fille, Lucie. Louise donne à Joseph une maison. Elle meurt. Joseph vend la maison 10,000 fr. Il meurt avant que le prix ne soit payé. Il laisse son frère naturel, Ludovic, et sa sœur légitime, Lucie. Sa succession comprend, indépendamment des 10,000 fr. représentant le prix de vente de la maison, 23,000 fr. en espèces. Partager cette succession. (Civ. 766.)

805. Henri a fait donation à son petit-fils Maurice, d'une maison et d'un domaine rural, mais en stipulant le droit de retour à son profit pour le cas de prédécès du donataire et de ses descendants. Maurice vend la maison. Il meurt, laissant un fils, Jacques; celui-ci hypothèque le domaine rural, puis il meurt avant Henri, le donateur. Quels seront les droits d'Henri? (Civ. 951, 952.)
Indiquer les différences entre le retour conventionnel et le retour légal. (Civ. 951, 952, 351, 352, 747, 766.)

806. Jacques a fait donation à son ami Ernest, dans le contrat de mariage de ce dernier, d'une maison valant 30,000 fr. avec réserve du droit de retour au profit du donateur pour le cas de prédécès du donataire.
Ernest meurt avant Jacques.

57

Le patrimoine d'Ernest comprend :

1° Un domaine estimé	40,000 fr.
3° Des meubles estimés.	10,000 fr.
3° Et la maison soumise au droit de retour	30,000 fr.
Total.	80,000 fr.

Ernest doit à sa femme :

1° La dot de celle-ci, dont le montant, d'après le contrat de mariage, s'élève à. . .	50,000 fr.
2° Et pareille somme échue à la femme, à titre de succession, pendant le mariage et touchée par Ernest, ci	50,000 fr.
Total des reprises	100,000 fr.

L'hypothèque légale de la femme d'Ernest frappe-t-elle la maison soumise au droit de retour ? (Civ. 952.)

SECTION II. — Des exceptions a la règle de l'irrévocabilité des donations entre vifs

807. Pierre a fait donation à Paul de la moitié de son jardin, à la charge par ce dernier d'établir à ses frais un mur de séparation entre la partie donnée et la partie conservée par le donateur.
Paul refuse de construire le mur, et vend à Louis la partie de jardin qui lui avait été donnée. Pierre demande la révocation de la donation pour cause d'inexécution des conditions. L'obtiendra-t-il ? (Civ. 953.)
Si oui, quels seront les effets de cette révocation ? (Civ. 954, 1183.)

808. Eugène a fait donation d'un immeuble à Firmin à la charge par ce dernier de payer 1,500 fr. à Jean, créancier d'Eugène, et 1,200 fr. à Jacques, à qui Eugène fait donation de cette somme. Firmin n'exécute pas ces charges. Quels sont les droits d'Eugène, de Jean et de Jacques? Qu'adviendra-t-il si Firmin a grevé d'une hypothèque l'immeuble à lui donné? (Civ. 953, 954, 1121, 1183.)

809. Pierre a fait donation à Paul d'une maison. Dans une partie de chasse, Paul tue Pierre, par imprudence. Les héritiers de Pierre pourront-ils demander la révocation de la donation ? (Civ. 955, 957, al. 2; 727-1°.)

810. Louis a fait donation à Lucien d'un domaine rural.
Le 15 janvier 1890, à la suite d'une discussion, Lucien soufflette Louis publiquement. Le 25 juin suivant, Louis demande la révocation de la donation pour cause d'ingratitude. Le 1er juillet, Lucien vend le domaine à Paul qui fait transcrire le contrat de vente le 4 juillet. Le 7 juillet, Louis fait inscrire un extrait de la demande en révocation en marge de la transcription de la donation. Qu'adviendra-t-il? (Civ. 957, al. 1, et 958.)

811. Que serait-il advenu si Louis avait fait inscrire cet extrait le 3 juillet 1890? (Civ. 958.)
Que serait-il advenu si l'extrait avait été inscrit et la vente transcrite le même jour 3 juillet 1890 ?

812. Pierre a fait donation à Paul d'une bibliothèque estimée 10,000 fr. Sur le refus du donataire de servir une pension alimentaire au donateur, celui-ci intente, le 1er mai 1890, une action en révocation de la donation. Paul vend la bibliothèque à Jacques le 10 mai. Cette vente sera-t-elle résolue ?
Que décider si Paul eût consenti cette vente le 30 avril ?
Que décider si Paul décède le 15 mai ? (Civ. 958, 2279.)

813. Le 15 juin 1889, Jean, célibataire, sans enfant, fait donation à Jacques d'une maison. Le 1er septembre suivant, Jean reconnaît pour son fils naturel Hector, né le 30 août 1889. Le 10 novembre 1889, il se marie avec Jeanne. Le 1er décembre, Jeanne reconnaît également pour son fils naturel Hector. Du mariage de Jean et de Jeanne, naît, le 1er octobre 1890, une fille, Marguerite.
A quelle époque la donation s'est-elle trouvée révoquée ? (Civ. 331, 953, 960.)

814. Que décider si Jean avait renoncé, par une clause expresse, à la révocation de la donation pour cause de survenance d'enfant?
Que décider si Jacques reste en possession de la maison donnée, pendant trente ans à partir du jour de la révocation de la donation ? (Civ. 965, 966, 2262.)

815. Pierre a un enfant adoptif et un enfant naturel. Il fait donation à Paul, le 1er juillet 1888, d'une maison. Paul grève cette maison d'une hypothèque le 15 août suivant. Pierre se marie avec Louise le 1er septembre 1888. De ce mariage naît, le 30 juillet 1889, un fils, Ernest. Quel est le sort de la donation et de l'hypothèque? (Civ. 960, 962, 963, 1183.)

816. Henri n'a point d'enfant. Le 20 août 1889, il fait donation à Roger de divers meubles meublants. Le 1er décembre suivant, il adopte pour son fils, Paul. La donation est-elle révoquée? (Civ. 960.)

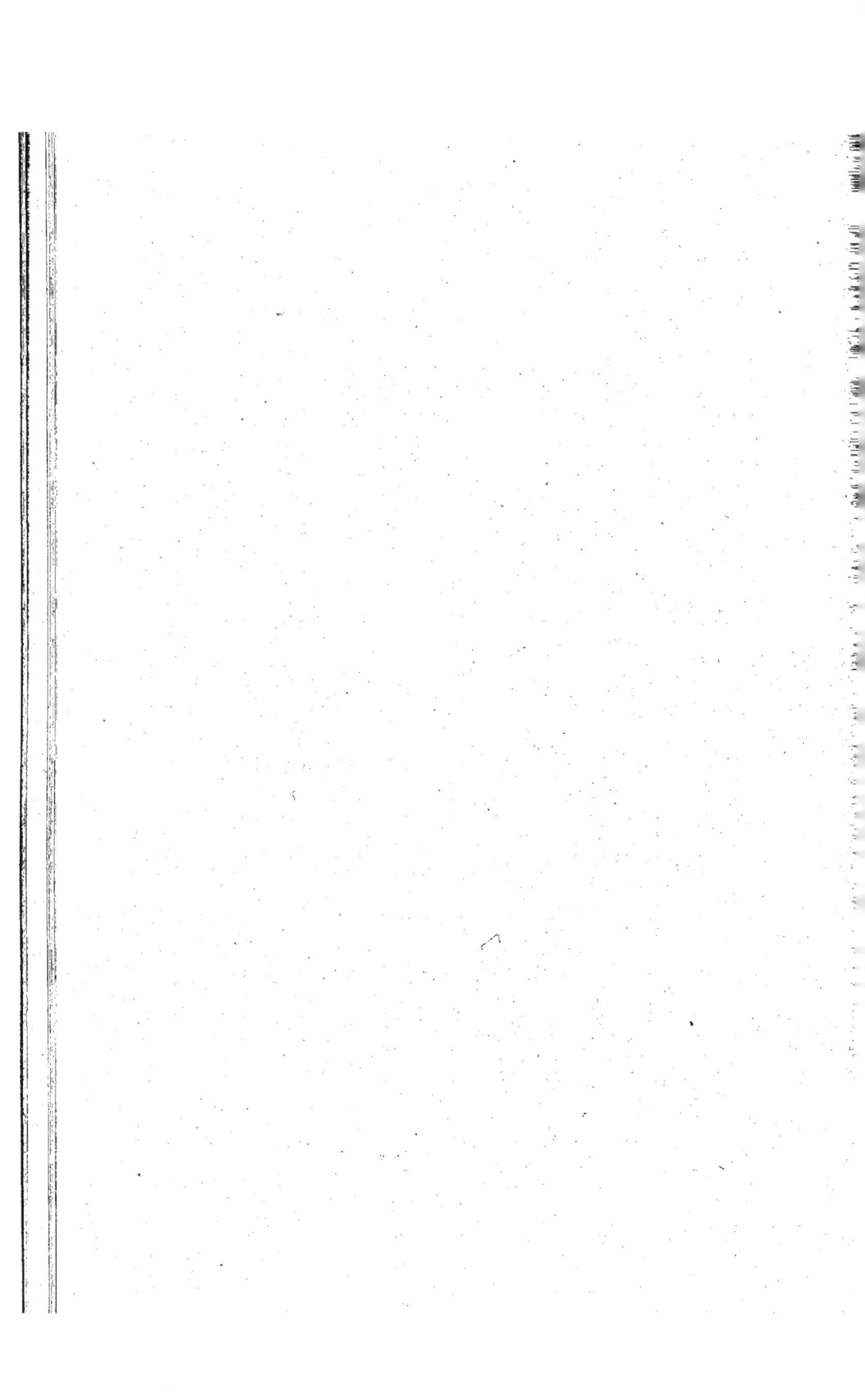

58

CHAPITRE V

Des Dispositions testamentaires

SECTION I. — DES RÈGLES GÉNÉRALES SUR LA FORME DES TESTAMENTS

817. Georges a fait un testament écrit, daté et signé par lui, ainsi conçu : « J'institue Louis pour mon héritier », ou bien : « Je veux qu'après ma mort, Louis devienne propriétaire de tous mes biens. » Ce testament est-il valable ? (Civ. 967, 1002.)

818. Jean et Jeanne, son épouse, veulent instituer Ernest pour leur légataire universel, par un seul et même testament. Ferez-vous ce testament ?

Que décider si Jean et Jeanne, au lieu d'instituer Ernest pour leur légataire universel, veulent se léguer réciproquement tous leurs biens ?

Si deux testaments distincts avaient été écrits sur une même feuille de papier, l'un au recto par Jean, l'autre au verso par Jeanne, considéreriez-vous ces testaments comme valables ? (Civ. 968.)

819. Pierre, seul fils et héritier de Jacques, reconnaît que son père l'a chargé verbalement de remettre 20,000 fr. à Louis à titre de legs. Louis pourrait-il contraindre Pierre à exécuter ce legs ? (Civ. 969.)

§ 1. — Du Testament olographe

820. Hector veut faire un testament olographe. Il vous indique ses volontés et vous prie de lui rédiger un modèle. Ferez-vous ce modèle ? Il vous demande ensuite de l'éclairer au sujet des règles de forme qu'il doit observer pour la confection de son testament. (Civ. 970. — Loi du 28 avril 1816, art. 45, n° 4. — Loi du 28 février 1872, art. 4. — Loi du 2 juillet 1862, art. 22. — Loi du 22 frimaire an VII, art. 21, 23, 38.)

821. Pierre vous présente un testament écrit au crayon sur papier libre, daté et signé par Paul, et couvert de renvois, surcharges, interlignes et ratures non approuvés. En marge de ce testament, le mot « Bordeaux » a été écrit par l'un des héritiers de Paul. Pierre, institué légataire universel de Paul, vous demande si ce testament est valable. (Civ. 970. — Loi du 25 ventôse an XI, art. 15 et 16.)

§ 2. — Du Testament public

822. Jacques veut faire un testament public. Il se présente en votre étude avec quatre témoins : l'un est sourd, l'autre est aveugle, le troisième est faible d'esprit, le quatrième est un failli réhabilité. Quels sont les témoins que vous devez écarter ? (Civ. 975 et 980 - Loi du 25 ventôse an XI, art. 9, 10.)

823. Que décider si les quatre témoins de Jacques étaient une femme majeure, un mineur émancipé, un Espagnol, et un Français ayant subi une condamnation correctionnelle ? (Civ. 980. Pén. 42-7°.)

824. Jean veut faire son testament dans la forme authentique. Il se propose notamment de léguer 50 fr. à Louis. Les quatre témoins sont : Lucien, marié avec une cousine germaine de Louis ; Hippolyte, citoyen français, domicilié hors de l'arrondissement communal ; Victor, oncle du notaire qui doit recevoir le testament, et Pierre, domestique de ce même notaire. Ces quatre témoins sont-ils capables ? (Civ. 975, 980. — Loi du 25 ventôse an XI, art. 8 à 10.)

825. Si Jean ne peut se procurer que deux témoins capables, lui sera-t-il impossible de tester en la forme authentique ? (Civ. 971.)

826. Un muet peut-il faire un testament public ? (Civ. 972, 1001.)

827. Jacques se présente dans l'étude de M⁰ X..., avec quatre témoins, pour faire son testament. M⁰ X..., après avoir rédigé sur papier timbré le protocole ou préambule du testament, écrit sous la dictée du testateur sur un brouillon et transcrit immédiatement cette dictée sur son acte, en la présence continue des témoins. Le testateur a dicté : « Je veux qu'après ma mort Louis devienne héritier de tous mes biens. » Le notaire a écrit : « J'institue Louis pour mon légataire universel. » Le testateur ayant dicté en outre des dispositions ambiguës, le notaire lui a demandé des explications à cet égard. Le testament est-il valable ? (Civ. 972. — Cass., 13 juin 1882 ; Sirey, 82, 1472. — Cass., 27 avril 1857 ; Sirey, 57, 1, 522.)

828. Ernest fait son testament en présence de deux notaires et de deux témoins. L'un des notaires a écrit la première moitié du testament et l'autre notaire la deuxième moitié. Le préambule ou protocole a été écrit par un clerc. Ce testament est-il valable ? (Civ. 972. Voir arrêts de cassation ci-dessus mentionnés.)

829. Si le testateur, ne sachant parler français, a dicté son testament en patois, que devra faire le notaire ? (Civ. 972, 1001. — Arrêté des Consuls du 24 prairial an XI. — Circulaire du grand juge du 4 thermidor an XII.)

59

830. M⁰ X..., notaire à Bordeaux, après avoir écrit le testament de Paul sous sa dictée, en donne lecture d'abord aux témoins en l'absence du testateur, puis au testateur en l'absence des témoins. Ce testament est-il valable? (Civ. 972.)

Comment doit être faite la lecture du testament dans l'hypothèse prévue par la question 829?

831. Jean, ayant essayé de signer le testament public qu'il venait de dicter, n'a pu tracer que des caractères informes. Que devra faire le notaire?

Que décider si Jean vient à mourir après que le testament a été signé par les quatre témoins, mais avant que le notaire ait pu y apposer sa signature? (Civ. 971, 973, 974. — Art. 14 et 68, loi du 25 ventôse an XI.)

832. M⁰ X..., notaire à Bordeaux, est appelé auprès d'un malade, Etienne, qui veut faire un testament public. Après avoir dicté une partie de son testament, Etienne est pris d'une syncope qui nécessite l'intervention du médecin. Lorsque le testateur aura repris connaissance, M⁰ X... pourra-t-il continuer le testament commencé? (Civ. 976.)

833. Quelles sont les mentions qui doivent figurer dans le testament public? (Civ. 972, 1001, 973, 971. — Art. 14 et 68 de la loi du 25 ventôse an XI. — Avis du Conseil d'Etat, approuvé par l'empereur le 20 juillet 1810. — Art. 11, 12, 13, 15 et 16, loi du 25 ventôse an XI.)

§ 3. — Du Testament mystique

834. Jean sait lire et signer, mais il ne sait pas écrire. Il a fait écrire par son ami Auguste ses dispositions testamentaires qu'il a signées. Il veut revêtir ces dispositions de la forme du testament mystique. Quelles sont les formalités à remplir? (Civ. 976, 978, 974.)

Si l'acte de suscription est nul pour vice de forme, le testament pourra-t-il être valable?

835. Si Jean ne sait ou n'a pu signer, n'y aura-t-il pas lieu de remplir une formalité particulière? (Civ. 976, 978.)

836. Un muet peut-il tester dans la forme mystique? (Civ. 979, 976, 978.)

SECTION II. — DES RÈGLES PARTICULIÈRES SUR LA FORME DE CERTAINS TESTAMENTS

837. Adrien, votre client, est allé se fixer en Espagne. Il vous écrit pour vous demander dans quelle forme il peut faire son testament. Que lui répondrez-vous? (Civ. 999, 1000.)

SECTION III. — DES INSTITUTIONS D'HÉRITIERS ET DES LEGS EN GÉNÉRAL

838. Jean décède sans héritier en ligne directe, laissant un actif net de 10,000 fr. Il a fait son testament aux termes duquel il a institué Lucien pour son légataire universel, et légué à Louis la moitié de ses biens, et à Ludovic 6,000 fr. Quelle est la nature de ces divers legs? Comment sera dévolue la succession de Jean? (Civ. 1003, 1010.)

839. Jacques a légué l'usufruit de tous ses biens à Hippolyte et la nue propriété de ces mêmes biens à Pierre et à Paul. Quelle est la nature de ces legs? (Civ. 1003, 1010, 610. — Pr. 942.)

Il a légué tous ses immeubles à Ludovic, la moitié de son mobilier à Ernest, et le surplus de ses biens à Lucien. Quelle est la nature de ces legs? (Civ. 1003, 1010.)

SECTION IV. — DU LEGS UNIVERSEL

840. Raymond décède le 15 janvier 1890, laissant un fils légitime, Charles, et un actif net de 100,000 fr. Il a institué pour son légataire universel son ami François. Celui-ci demande à Charles la délivrance de son legs le 10 janvier 1891. Déterminer les droits de chacun.

Que décider si la demande en délivrance eût été faite le 20 janvier 1891? (Civ. 1004, 1005.)

841. Raymond décède le 15 janvier 1890, sans héritier en ligne directe, laissant un actif net de 100,000 fr. Par testament public, il a institué son ami François pour son légataire universel. Quelles formalités François devra-il remplir pour entrer en possession de la succession? (Civ. 1006.)

842. Même question en supposant que François ait été institué légataire universel par un testament olographe ou mystique? (Civ. 1007, 1008. — Pr. 916, 918.)

843. Georges décède sans héritier en ligne directe, après avoir institué par testament public son ami Ernest pour son légataire universel. L'actif de la succession s'élève à 100,000 fr., le passif à 120,000 fr. Ernest sera-t-il tenu des dettes *ultra vires*? (Civ. 724, 1006, 2092.)

Que décider si Georges avait laissé un fils légitime? (Civ. 724, 1009, 1004.)

844. Henri décède, laissant son aïeul paternel, un actif de 60,000 fr. et des dettes et charges s'élevant à 20,000 francs. Il a institué Pierre pour son légataire universel; il a légué, en outre, 16,000 fr. à Louis et 4,000 fr. à Jeanne. Déterminer les droits de chacun. (Civ. 1009.)

845. Que décider, si Henri avait stipulé dans un testament que le legs de Louis devrait être acquitté de préférence aux autres? (Civ. 927.)

60

846. Paul décède en état de célibat sans héritier en ligne directe. Il a institué Lucien pour son légataire universel par testament olographe. il a légué en outre : à Jacques, 10,000 fr., et à Jean, 15,000 fr. L'actif net de sa succession s'élève à 20,000 fr. Lucien sera-t-il tenu de l'acquit des legs particuliers *ultra vires*?

Paul était propriétaire exclusif d'un tombeau de famille situé au cimetière de Bordeaux. La propriété de ce tombeau se trouve-t-elle transférée à Lucien?

SECTION V. — Du legs a titre universel

847. Charles décède, laissant un fils légitime et un actif net de 40,000 fr. Par testament authentique. il a légué le quart de tous ses biens à Paul. Quelles sont les formalités que Paul devra remplir pour entrer en possession de son legs? (Civ. 1010, 1011.)

848. Même question, en supposant que Pierre laisse pour héritier un frère au lieu d'un fils. (Civ. 724, 1011.)

849. Même question en supposant que Charles a légué à Paul le quart de la quotité disponible et qu'il laisse un légataire universel et un fils légitime. (Civ. 1011.)

850. Louis décède, laissant un frère, un actif de 100,000 fr. et un passif de 5,000 fr. Il a légué à Clément tous ses immeubles qui valent 20,000 fr. Déterminer les droits de chacun.

Que décider si, sur le montant du passif, 3,000 fr. étaient garantis par une hypothèque? (Civ. 1012.)

851. Lucien décède, laissant un fils légitime et un actif net de 20,000 fr. Il a légué le quart de ses biens à Paul et 4,000 fr. à Jacques. Déterminer les droits de chacun. (Civ. 1013.)

852. Pierre décède le 22 juin 1889, laissant un frère, une sœur, et un actif net de 90,000 fr. Il a légué le tiers de ses biens à Raymond. Celui-ci obtient la délivrance amiable de son legs le 15 mai 1890. A partir de quel jour aura-t-il droit aux fruits?

Que décider si la délivrance du legs n'a été effectuée que le 15 juillet 1890? (Civ. 1005, 1014.)

SECTION VI. — Des legs particuliers

853. Clément a légué l'usufruit de tous ses biens à Paul. Il meurt le 22 mai 1889, laissant un fils légitime. Paul meurt le 25 du même mois, avant d'avoir pris possession de son legs, et laissant pour seul héritier son frère Louis. Ce dernier demande la délivrance judiciaire du legs le 15 septembre suivant. Déterminer ses droits. (Civ. 917, 1011, 1014.)

854. Que décider si Clément avait déclaré dans son testament vouloir que les fruits fussent acquis au légataire dès le jour du décès? (Civ. 1015.)

855. Jacques a légué à Pierre, son ancien serviteur, une rente viagère de 365 fr. par an. Il meurt le 1er janvier 1890, laissant un fils légitime. La délivrance du legs est consentie par ce dernier, au profit de Pierre, le 25 janvier. Déterminer les droits de Pierre. (Civ. 1015.)

856. Qui supportera les frais de délivrance et les droits de mutation? (Civ. 1016. — Loi du 28 février 1872, art. 1, n° 6. — Loi du 22 frimaire an VII, art. 14, n° 9.)

857. Jacques décède le 12 juillet 1889, laissant pour seul héritier son frère Maurice. Il a légué à Louis 10,000 fr. Sa succession comprend activement une maison sise à Bordeaux, estimée 24,000 fr., et un vignoble sis à Libourne estimé 32,000 fr. Passivement, elle comprend une somme de 16,000 fr. due à un créancier chirographaire, Etienne. Louis inscrit le 10 septembre 1889 l'hypothèque que lui confère l'article 1017 du Code civil, al. 2. La maison est vendue 24,000 fr. le 1er novembre. En distribuer le prix. (Civ. 1017.)

858. Jacques décède le 12 juillet 1889, laissant pour seul héritier son frère Maurice. Il a légué à Louis 10,000 fr. Sa succession comprend, toutes dettes payées, une maison sise à Bordeaux. Louis inscrit le 10 septembre 1889 son hypothèque légale.

Maurice a accepté la succession purement et simplement. Le 6 septembre, il confère à Lucien, un de ses créanciers personnels, une hypothèque sur la maison pour garantie d'une somme de 15,000 fr. Cette hypothèque est inscrite le 11 septembre.

La maison est vendue 24,000 fr. le 1er novembre. En distribuer le prix. (Civ. 1017, 2134.)

859. Que décider si Lucien avait inscrit son hypothèque le 9 septembre? (Civ. 1017, 2134, 2111.)

860. Suivant testament public du 12 février 1885, Pierre a légué à Paul un domaine sis à Lormont. Depuis lors, Pierre a élevé sur ce domaine une maison de maître. Il a, en outre, acquis une parcelle de vigne contiguë. Il meurt le 15 janvier 1890. Déterminer les biens compris dans le legs. (Civ. 1018, 1019.)

861. Suivant testament public du 15 mars 1884, Jean a légué à Guillaume une maison sise à Bordeaux. Le 18 juin 1885, Jean grève cette maison d'un droit d'usufruit au profit de Pierre. Il meurt un mois après, laissant pour seul héritier son frère. Qu'adviendra-t-il? (Civ. 1020.)

862. Que décider si, au lieu de grever cette maison d'un droit d'usufruit, Jean l'avait grevée d'une hypothèque au profit de Pierre, pour garantie d'une créance de 5,000 fr.? (Civ. 1021.)

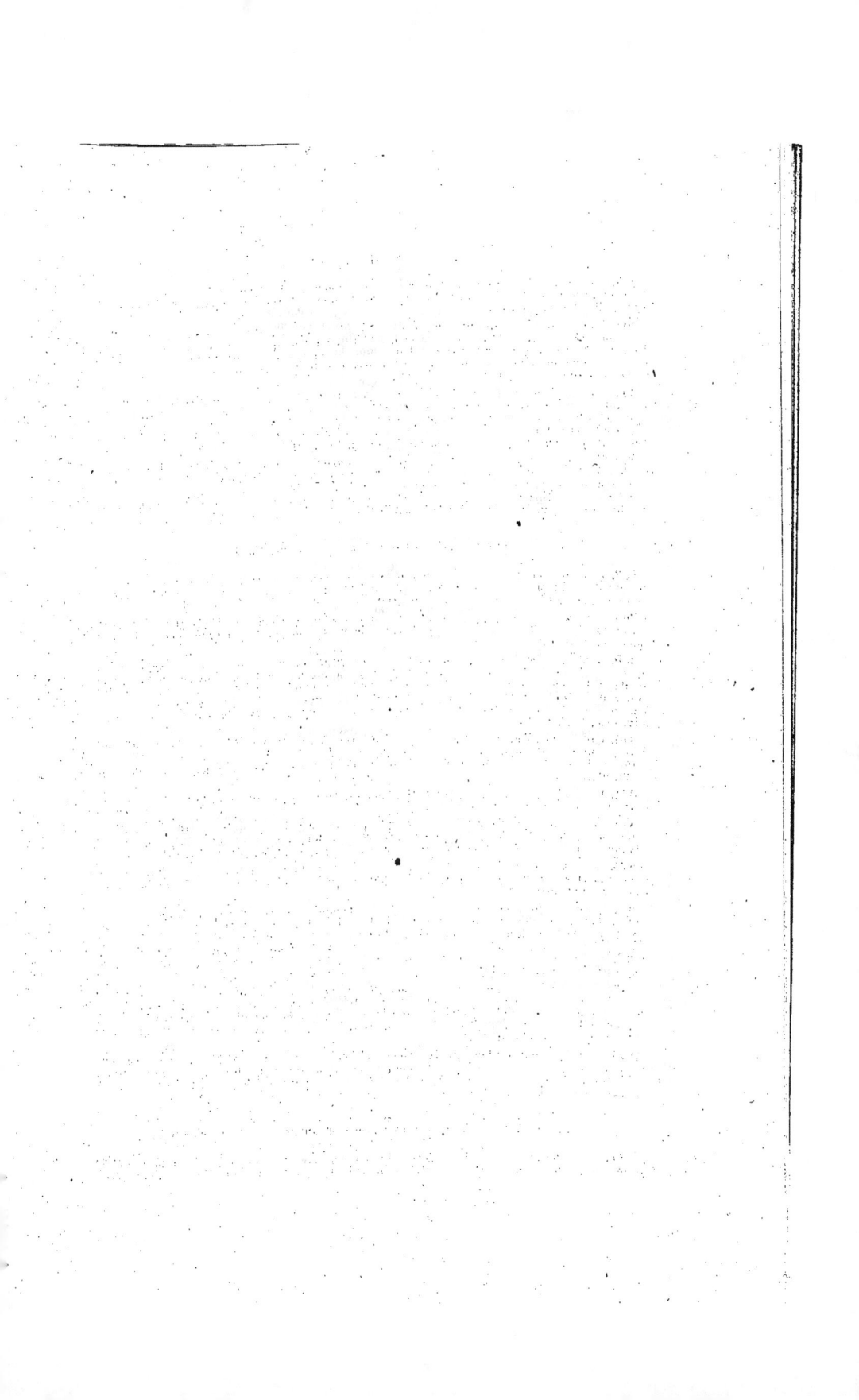

61

863. Une clause du testament de Jules est ainsi conçue : « Je lègue à Paul la maison sise à Bordeaux, rue Sainte-Catherine, n° 321. » Il se trouve que cette maison appartient à Pierre. Le legs est-il valable? (Civ. 1021.)

864. Que décider si la disposition est ainsi conçue : « Je lègue à Paul la maison sise à Bordeaux, rue Sainte-Catherine, n° 321, qui appartient à Pierre. En conséquence, je charge mon héritier d'acheter cette maison et de la livrer à Paul ; et si le propriétaire ne veut pas la vendre, ou s'il en réclame un prix déraisonnable, je veux que mon héritier en paye à Paul la valeur que je fixe à la somme de 60,000 fr. » (Civ. 1021.)

865. Lucien, débiteur envers Paul d'une somme de 10,000 fr., et envers Jean, son domestique, de gages s'élevant à 300 fr., a fait un testament ainsi conçu : « Je lègue à Paul 10,000 fr. et à Jean 300 fr. » Déterminer les droits des légataires.

Que décider si Lucien avait dit : « Je lègue à Paul les 10,000 fr. que je lui dois et à Jean les 300 fr. qui forment le montant de ses gages. » (Civ. 1023, 1017.)

866. Hippolyte décède, laissant une sœur, Louise, un actif de 60,000 fr. et un passif de 10,000 fr. Il a légué à Ernest une maison valant 20,000 fr. Déterminer dans quelle mesure respective Louise et Ernest devront supporter le passif de la succession.

Qu'adviendrait-il si un créancier de la succession avait, pour garantie d'un capital de 40,000 fr., une hypothèque sur la maison léguée ? (Civ. 1024.)

SECTION VII. — Des exécuteurs testamentaires

867. Louis a nommé pour son exécuteur testamentaire son ami Gabriel et lui a légué, à titre de diamant, sa bibliothèque. Gabriel peut-il refuser la mission qui lui a été confiée? (Civ. 1984.) Si oui, pourra-t-il réclamer le legs à lui fait?

868. Jacques a nommé pour ses exécuteurs testamentaires Jeanne, mariée avec Jean sous le régime de la communauté légale, et Pierre, mineur émancipé. Ces nominations sont-elles valables? (Civ. 1028 à 1030, 1990.)

869. Guillaume meurt le 1er février 1889, laissant un fils mineur, Victor. Par testament public, il a légué à Pierre 10,000 fr., et à Paul 4,000 fr. Il a, en outre, nommé pour son exécuteur testamentaire Lucien et lui a donné la saisine de tout son mobilier. Sa succession comprend des immeubles estimés 60,000 fr., des meubles meublants évalués 18,000 fr. et des espèces s'élevant à 2,000 fr. Quels sont, au point de vue de la saisine, les droits respectifs de Victor et de Lucien? (Civ. 1026, 1027, 1008.)

870. Dans l'espèce précédente, sera-t-il nécessaire de faire apposer les scellés? Si oui, qui devra requérir cette apposition ?

Devra-t-il être dressé un inventaire? Si oui, quelles personnes devront y figurer ? (Civ. 1031. — Pr. 911.)

871. Les deniers trouvés au décès de Guillaume étant insuffisants pour acquitter les legs, que devra faire l'exécuteur testamentaire? (Civ. 1031.)

872. Contre qui, dans l'espèce prévue sous la question 869, devra être intentée la demande en délivrance de legs? Quelles personnes devront figurer dans l'acte de délivrance ? Que serait-il advenu si Guillaume n'avait point donné à Lucien la saisine du mobilier ? (Civ. 1031.)

873. Lucien, après avoir acquitté les legs, veut rendre compte de sa gestion. A qui ce compte devra-t-il être rendu? Qui supportera les frais de scellés, d'inventaire et de reddition de comptes? (Civ. 1031 à 1034.)

874. Jérôme a nommé pour ses exécuteurs testamentaires Pierre et Paul et leur a donné la saisine de tout son mobilier. Il meurt le 15 juin 1889, Pierre agit seul, tant en son nom personnel qu'au nom de Paul. Il meurt à son tour, le 16 février 1890, au moment où il allait rendre son compte de gestion, laissant pour seul héritier son fils. De ce compte il résulte que Pierre devait aux héritiers de Jérôme un reliquat de 4,000 fr. Il est mort insolvable. Paul serait-il tenu de payer ces 4,000 fr.? (Civ. 1033.)

875. Eugène a fait un testament aux termes duquel, après avoir nommé Adolphe son exécuteur testamentaire, il lui a accordé, pour une durée de trois ans, la saisine de tous ses biens meubles et immeubles, laissant pour objet de faire vendre les immeubles pour payer les legs, dans le cas où le produit de la vente du mobilier serait insuffisant. Ces diverses clauses pourront-elles recevoir leur exécution ? (Civ. 1031, 1026.)

876. Joseph a fait un testament aux termes duquel, après avoir nommé Maurice son exécuteur testamentaire, il l'a dispensé de l'obligation de faire inventaire, de rendre compte de sa gestion, et l'a chargé d'acquitter les dettes héréditaires en même temps que les legs. Ces deux clauses sont-elles valables? (Civ. 1031.)

SECTION VIII. — De la révocation des testaments et de leur caducité

877. Jean a fait, le 16 juin 1885, un testament public, aux termes duquel il a institué Hippolyte pour son légataire universel. Il meurt, et dans ses papiers se trouve un acte sous seing privé,

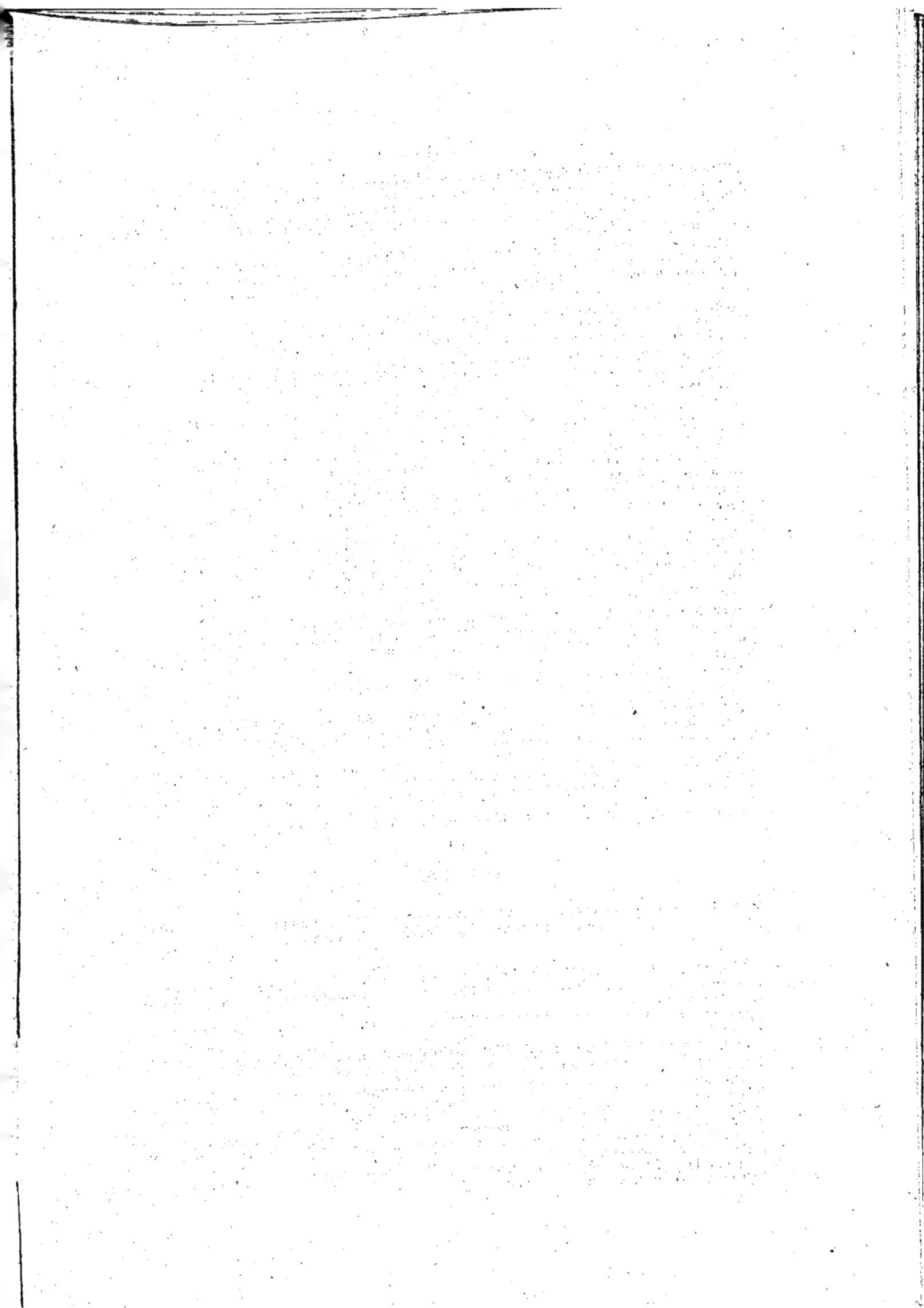

entièrement écrit, daté et signé de sa main, ainsi conçu : « Je révoque tous testaments que je puis avoir faits jusqu'à ce jour. Bordeaux, le 20 mars 1888. » Cette révocation est-elle valable ?

Préciser les conditions de forme auxquelles aurait été soumise une semblable révocation par acte notarié. (Civ. 1035, 970, 895. — Loi du 21 juin 1843, art. 2. — Arrêt de la Cour de Bordeaux du 5 mai 1879. Sir. 79, 2, 216.)

878. Par un testament public, en date du 25 avril 1886, Léon a institué Jacques pour son légataire universel et a légué à Clément la pleine propriété d'une maison. Par testament olographe, en date du 30 mai 1887, il a légué au même Clément l'usufruit du même immeuble. Comment ces legs seront-ils exécutés ? (Civ. 1036.)

879. Par testament mystique, en date du 20 juin 1882, Pierre a institué Victor pour son légataire universel. Par testament olographe, en date du 15 mars 1887, il a légué tous ses biens à Lucien. Qui recueillera sa succession ? (Civ. 1036.)

880. Que décider si Lucien répudie le legs qui lui est fait ou bien s'il est condamné à la peine des travaux forcés à perpétuité, ou enfin s'il est décédé au moment du décès du testateur? (Civ. 1037, 1039, 1043. — Loi du 31 mai 1854, art. 3, al. 1.)

881. Auguste, par son testament public en date du 23 février 1884, a légué à Ernest une maison. Le 30 juin suivant, il a fait donation de cette maison à Paul, à la charge par celui-ci de servir au donateur une rente viagère de 300 fr. Le donataire n'ayant pas exécuté cette charge, sa donation a été révoquée par jugement du Tribunal civil de Bordeaux, en date du 15 mai 1887, et Auguste est rentré immédiatement en possession de la maison. Il meurt quelques jours après. Ernest pourra-t-il demander la délivrance de son legs? (Civ. 1038, 953, 954.)

Que décider si le testateur, au lieu d'avoir fait donation de la maison léguée, en avait été exproprié pour cause d'utilité publique et qu'il en fût redevenu propriétaire lors de son décès ? (Civ. 1038, 1042.)

882. Adolphe, par testament olographe, en date du 15 janvier 1889, a institué Louis pour son légataire universel. Il meurt le 12 février suivant. En faisant l'inventaire, le notaire trouve ce testament complètement lacéré ou cancellé. Quelle en est la valeur ?

Que décider si le testateur avait fait un testament public et qu'il eût livré aux flammes, lacéré ou cancellé une expédition de ce testament?

883. Jean a légué à Jacques une maison estimée 10,000 fr. Il meurt le 1er janvier 1889, sans avoir jamais eu d'enfant, mais laissant sa femme enceinte. Trois mois après naît une fille. La succession de Jean vaut 60,000 fr. Le legs fait à Jacques pourra-t-il être exécuté? (Civ. 1046, 960, 913.)

884. Que décider si la maison a été incendiée fortuitement soit avant, soit après le décès du testateur ? (Civ. 1042.)

885. Auguste décède, laissant pour héritier son frère. Il a fait un legs ainsi conçu : « Je lègue à Pierre 20,000 fr. payables à l'époque de sa majorité. » Pierre meurt à 18 ans, laissant pour héritiers ses père et mère. Le legs est-il caduc ? (Civ. 1040.)

886. Alfred meurt, laissant pour héritier son frère. Il a fait un testament contenant un legs ainsi conçu : « Je lègue ma maison de Bordeaux à Pierre et à Paul, à la charge par Paul de payer une rente viagère de 500 fr. à ma domestique. » Qu'adviendra-t-il si Paul est décédé avant le testateur?

Qu'adviendra-t-il si Pierre et Paul sont décédés avant le testateur ? (Civ. 1044.)

CHAPITRE VI

Des dispositions permises en faveur des petits-enfants du donateur ou testateur, ou des enfants de ses frères et sœurs

887. Pierre a vendu à Paul une maison, moyennant le prix de 10,000 fr. stipulé payable dans cinq ans. Cette vente a été consentie par Pierre, à la condition que Paul ne se mariera point. Est-elle valable ?

Que décider si Pierre eût fait donation à Paul de cet immeuble sous la même condition ? (Civ. 1172, 900.)

888. Un legs est ainsi conçu : « Je lègue ma maison de Bordeaux à Jean, et si celui-ci ne peut ou ne veut la recueillir, je la lègue à Jacques. » Est-il valable? (Civ. 898.)

889. Jean a fait donation à Ernest de sa maison de Bordeaux et de son domaine de Lormont, à la charge par ce dernier de conserver ces immeubles durant sa vie et de les rendre à son décès à son fils aîné. Cette donation est-elle valable ? (Civ. 896 et 900.)

890. Que décider si Jean eût fait un legs ainsi conçu : « Je lègue à Louis ma maison de Bordeaux et mon domaine de Lormont, et s'il meurt sans enfant, ces immeubles feront retour à Lucien. » (Civ. 896 et 951, al. 2.)

Que décider si ce legs eût été ainsi conçu : « Je lègue l'usufruit de ma maison de Bordeaux à Louis, et, à sa mort, à Lucien. » (Civ. 906.)

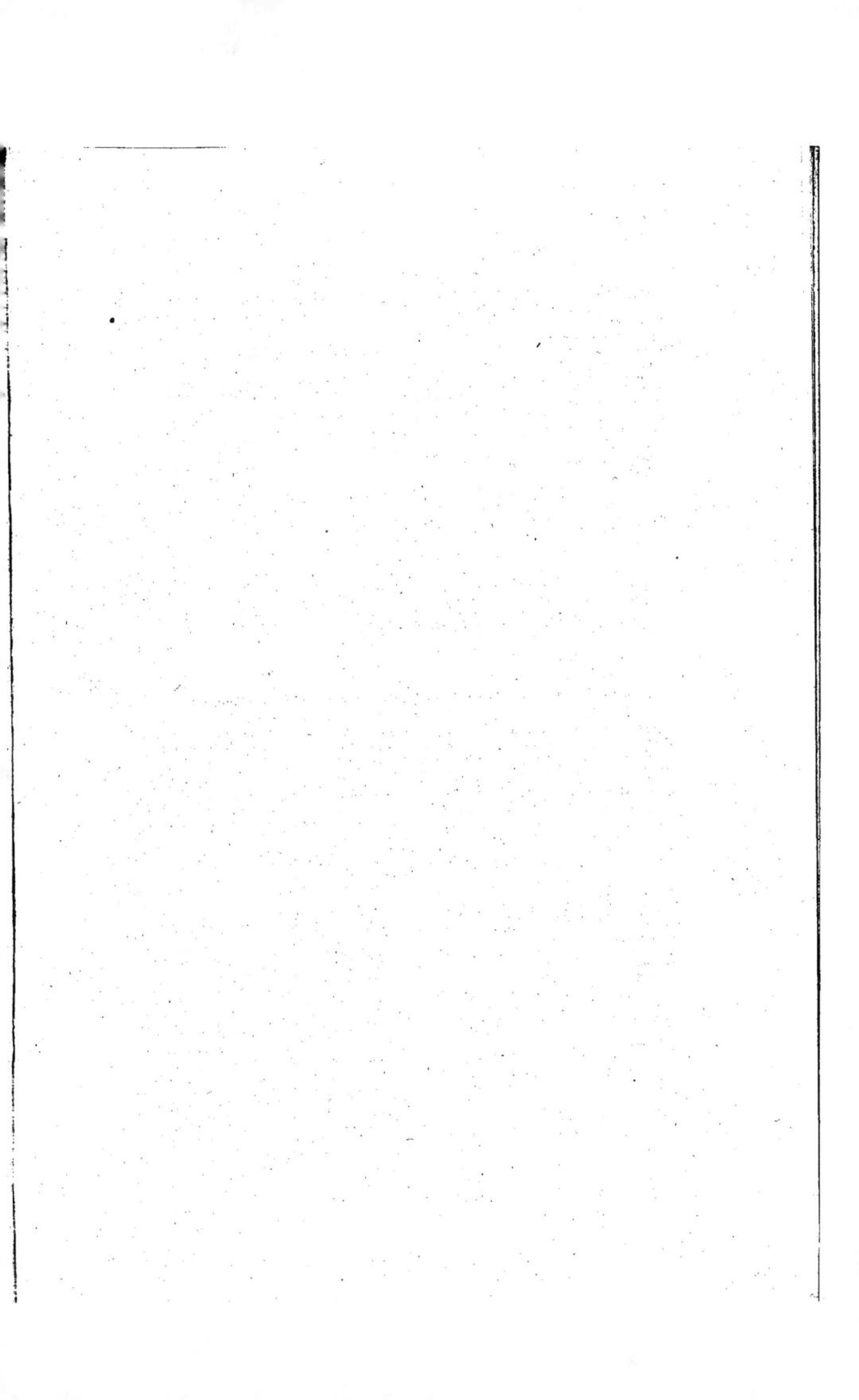

63

891. Édouard a fait donation à Pierre de divers immeubles, à la charge par le donataire de rendre à sa mort, à Paul, ce qui restera des biens donnés. Cette donation est-elle valable ? (Civ. 896.)

892. Adolphe, ayant un fils dissipateur et voulant assurer le sort des enfants de ce fils, fait un legs ainsi conçu : « Je lègue tous mes biens à mon fils Paul, à la charge par lui de les conserver durant sa vie, et de les transmettre à son décès à tous ses enfants nés et à naître. »

Adolphe meurt le 15 avril 1889, laissant une maison estimée 60,000 fr., un vignoble estimé 50,000 fr., diverses créances hypothécaires s'élevant à 80,000 fr., un mobilier prisé 15,000 fr. et 30,000 fr. en espèces.

Il laisse pour seul héritier son fils Paul. Qu'adviendra-t-il ? (Civ. 1048, 1050, 920, 906.)

893. Quelles formalités devront être remplies après le décès d'Adolphe ? (Civ. 1055 à 1074, 398, 392, 795. — Loi du 16 septembre 1871, art. 29, al. 1 et 2.)

894. Jean a une fille, Marie. Il fait un testament ainsi conçu : « Je lègue tous mes biens à mon frère Maurice, à la charge par lui de les conserver durant sa vie et de les transmettre, à son décès, à tous ses enfants nés et à naître. » Ce legs est-il valable ? (Civ. 1049.)

895. Auguste a fait donation pure et simple à Guillaume, son frère, le 3 février 1877, d'une maison sise à Bordeaux. Le 15 mars 1878, il fait donation au même Guillaume d'une prairie sise à Bègles, à la charge par ce dernier, qui accepte, de conserver durant sa vie la maison précédemment donnée, pour la transmettre, à son décès, à tous ses enfants nés et à naître. Cette clause est-elle valable ? (Civ. 1052.)

896. Auguste est décédé le 10 juin 1879, et Guillaume le 16 juillet 1886. Guillaume a grevé la maison d'une hypothèque. Il laisse pour seuls héritiers Jean et Ernest, ses fils, Pierre et Paul, ses petits-enfants, issus d'une fille prédécédée. Sa femme lui survit. A qui la maison sera-t-elle dévolue ? L'hypothèque constituée par Guillaume subsistera-t-elle ? L'hypothèque légale de la veuve frappera-t-elle cet immeuble ? (Civ. 1051, 1053, 1054.)

CHAPITRE VII

Des Partages faits par père, mère ou autres ascendants, entre leurs descendants

897. Le 23 juin 1850, Jean a fait donation entre vifs, à titre de partage anticipé, à Pierre et à Paul, ses deux enfants, de tous ses biens s'élevant à 90,000 fr. Il décède, laissant pour héritiers ses deux fils susnommés et un troisième enfant, Eugène, né le 2 mars 1861. Cette donation-partage est-elle valable ?

Que décider si Jean eût fait à Pierre et Paul une donation pure et simple ? L'article 1080 du Code civil sera-t-il applicable si l'un des enfants attaque ce partage ? (Civ. 1078, 1080, 729. — Pr. 131.)

898. Ernest, par testament olographe, a partagé entre ses deux filles, Louise et Marie, sa fortune s'élevant à 24,000 fr. A Louise il a attribué un lot valant 15,500 fr., et à Marie un lot valant 8,500 fr. Ce partage testamentaire sera-t-il rescindable ?

Que décider si Ernest eût fait à Louise un legs pur et simple de 15,500 fr., et à Marie un legs pur et simple de 8,500 fr. en stipulant que sur les 15,500 fr. de Louise, 7,000 fr. lui étaient légués par préciput ? L'article 1080 sera-t-il applicable à Marie si elle attaque ce partage testamentaire ? (Civ. 1079, 1080. — Pr. 131.)

899. Lucien a 60,000 fr. de biens et deux enfants, Pierre et Paul. Il donne à Pierre, par préciput et hors part, le tiers disponible : 20,000 fr.; puis il partage entre eux deux le surplus valant 40,000 fr. et qui représente leur réserve. Le lot qu'il attribue dans ce partage à l'enfant précipitaire, Pierre, vaut 24,000 fr., tandis que celui qu'il donne à Paul ne vaut que 16,000 fr. Qu'adviendra-t-il ? (Civ. 1079.)

L'article 1080 sera-t-il applicable à Paul s'il attaque le partage ? (Civ. 1079 et 1080. — Pr. 131.)

900. Charles, par testament olographe, a partagé ses biens entre ses deux petites-filles, Marguerite et Jeanne, issues de son unique enfant, Théodore, prédécédé. Sa succession comprend deux maisons sises l'une à Bordeaux, l'autre à Lormont, estimées chacune 10,000 fr., des créances s'élevant à 20,000 fr. et 6,000 fr. en espèces. Il a attribué à Marguerite les deux maisons et 3,000 fr. en espèces; à Jeanne, 3,000 fr. en espèces et la totalité des créances. Ce partage est-il rescindable? Que décider si Charles eût fait des legs purs et simples ? (Civ. 826, 832, 1076.)

901. Louis décède, laissant pour héritiers ses trois neveux, Pierre, Paul et Jacques. Sa succession comprend trois maisons estimées chacune 15,000 fr. et 12,000 fr. en espèces. Par son testament fait en forme mystique, il a fait le partage de ses biens entre Pierre et Paul. A Pierre, il a attribué une maison et les 12,000 fr. en espèces, et à Paul les deux autres maisons, à la charge par ce dernier de payer à Pierre une soulte de 15,000 fr. Ce testament est-il valable ? (Civ. 1075, 1078, 1079; 2103-3°; 2109, 2095.)

902. Auguste a fait une donation, à titre de partage anticipé, à Louis et Victor, ses deux fils, d'une partie de ses biens, soit de deux maisons valant chacune 20,000 fr., et de divers objets mobiliers estimés en totalité 2,000 fr. Ce partage a été fait par acte sous seing privé. Est-il valable ? (Civ. 1076, 939, 948.)

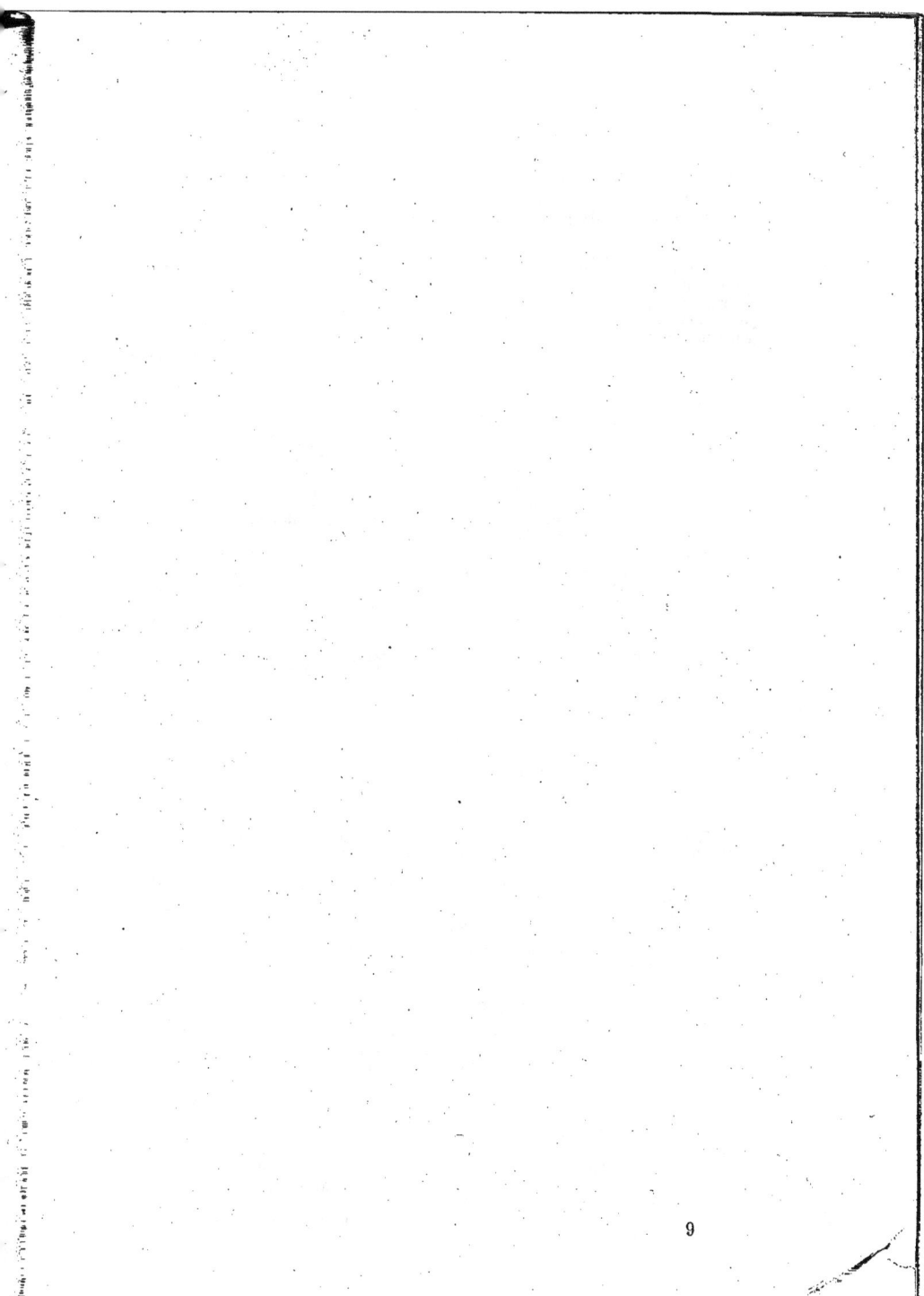

64

903. Jeanne, mariée à Jean sous le régime dotal, veut faire donation, à titre de partage anticipé, à ses deux filles, Marie et Henriette, de ses immeubles dotaux. Le peut-elle ? (Civ. 1554 à 1556.)

Pourrait-elle faire un partage testamentaire de ces mêmes immeubles ?

904. Paul a fait donation à titre de partage anticipé de tous ses biens à ses trois enfants, à la charge par ceux-ci de payer toutes ses dettes présentes et futures. Cet acte est-il valable? (Civ. 945.)

905. Pierre décède, laissant un fils et trois petites-filles issues de ce fils. Sa succession s'élève à 60,000 fr. Il a fait un testament aux termes duquel il a partagé tous ses biens entre ses trois petites-filles. Quelle est la valeur de cet acte ? (Civ. 1078, 729, 785, 913.)

906. Ernest a fait donation à titre de partage anticipé à ses deux fils, Jean et Maurice, de deux maisons estimées chacune 15,000 fr., dont il est propriétaire, et de deux vignobles estimés chacun 20,000 fr., qu'il se propose d'acquérir. Cet acte est-il valable ? (Civ. 943, 1076, al. 2.)

907. Jacques a fait donation entre vifs à titre de partage anticipé, à Pierre, Paul et Marie, ses petits-enfants et ses héritiers présomptifs, de tous ses biens s'élevant à 60,000 fr. Le lot de Marie se compose d'une maison valant 20,000 fr. Marie décède avant Jacques, laissant deux enfants, Louis et Louise. La donation-partage sera-t-elle maintenue ? Que décider si Marie décède avant Jacques sans postérité? (Civ. 747, 1077.)

908. Lucien a fait donation pure et simple à Jeanne, sa fille, dans le contrat de mariage de cette dernière, d'un vignoble estimé 50,000 fr. Il meurt, laissant pour héritiers sa fille Jeanne, et deux fils, Jean et Pierre. Les biens existant à son décès s'élèvent à 250,000 fr. en valeurs de Bourse. Il a fait un partage testamentaire aux termes duquel il a attribué à Jean 100,000 fr. en valeurs de Bourse, et à Jeanne pareille somme en valeurs de Bourse. A Pierre il a attribué 50,000 fr. en valeurs de Bourse et en outre le vignoble qu'il avait donné à Jeanne. Qu'adviendra-t-il ? (Civ. 843, 858 à 865, 867, 826, 832, 1079.)

909. Louis et Louise sont mariés sous le régime de la communauté réduite aux acquêts. Leurs biens propres s'élèvent, ceux de Louis à 100,000 fr., ceux de Louise à 60,000 fr. Leurs acquêts consistent en une maison valant 40,000 fr. Ils veulent faire donation entre vifs, à titre de partage anticipé, à Pierre et à Paul, leurs deux enfants, non seulement de leurs biens propres, mais encore de la maison qui compose la communauté. Le peuvent-ils? Pourraient-ils faire ce partage par testament ? (Civ. 968.)

910. Que décider si dans l'acte de donation-partage, Louis et Louise se sont réservé pour eux et le survivant d'entre eux l'usufruit de la totalité des biens donnés ? (Civ. 1097.)

CHAPITRE VIII

Des Donations faites par contrat de mariage aux époux et aux enfants à naître du mariage

911. Eugène fait donation à son neveu, Joseph, dans le contrat de mariage de ce dernier, d'une maison estimée 60,000 fr. Cette donation n'a pas été acceptée d'une façon expresse. Est-elle valable?

Si oui, le contrat de mariage devra-t-il être soumis à la formalité de la transcription?

Qu'adviendra-t-il si le mariage projeté ne se réalise pas ?

Qu'adviendra-t-il si le mariage ayant eu lieu, Joseph décède avant Eugène, laissant pour lui succéder ses père et mère et sa veuve ? (Civ. 1087, 932, 1088, 1089, 939.)

912. Qu'adviendra-t-il si Eugène meurt à son tour, laissant un fils et un actif net de 4,000 fr.?

Quid si Eugène était mort, laissant pour héritiers son neveu, Joseph, et une nièce, Louise ? (Civ. 1090, 960.)

913. Jean et Jeanne font donation à Paul, par le contrat de mariage de ce dernier, d'un domaine sur lequel ils viennent de construire une maison, à la charge par Paul d'acquitter les frais de cette construction, soit 15,000 fr. Lorsque les constructeurs se présentent pour le règlement de leurs comptes, Paul refuse de les payer. La donation est-elle révocable? (Civ. 953, 954.)

Qu'adviendra-t-il si Paul ayant acquitté cette charge, un enfant survient à Jean et à Jeanne ? (Civ. 960.)

914. Louis a fait donation à Hector, par le contrat de mariage de ce dernier, d'une maison. Hector s'étant rendu coupable de sévices et injures envers Louis, celui-ci demande la révocation de la donation. L'obtiendra-t-il ? (Civ. 959.)

915. Aux termes du contrat de mariage de Joseph, époux en secondes noces de Jeanne, Auguste lui a fait donation d'un domaine, en se réservant le droit de disposer, si bon lui semble, de la futaie comprise dans ce domaine. Auguste meurt avant Joseph, sans avoir disposé de la futaie. A qui reviendra-t-elle? (Civ. 946, 1086.)

916. Que décider si Joseph était mort avant Auguste, laissant pour seul héritier un enfant issu de son premier mariage? (Civ. 1086, 1089.)

65

917. Aux termes du contrat de mariage de Guillaume, Auguste lui a fait donation d'une maison estimée 50,000 fr., sous la condition que le donataire paierait indistinctement toutes les dettes et charges de la succession du donateur. Qu'adviendra-t-il si Guillaume décède avant Auguste?
Qu'adviendra-t-il si Auguste décède avant Guillaume, laissant pour 60,000 fr. de dettes et charges? (Civ. 945, 1086, 1089.)

918. Henri fait donation à Paul, son fils, par le contrat de mariage de ce dernier, d'une maison sise à Libourne, et de divers meubles meublants et objets mobiliers. Cette donation n'a été ni acceptée expressément, ni transcrite, ni accompagnée d'un état estimatif du mobilier. Est-elle valable? (Civ. 1081, 1087, 939, 948.)
Aurait-elle pu être faite directement au profit des enfants à naître du mariage? (Civ. 1081, 1048.)

919 Aux termes du contrat de mariage de Victor, Pauline, sa tante, a déclaré lui donner la totalité des biens qu'elle laisserait à son décès. Depuis lors, Pauline a fait donation d'une maison à Pierre, et a vendu un domaine à Paul. Elle meurt, laissant un testament public aux termes duquel elle institue Paul pour son légataire universel. Le testament est antérieur au contrat de mariage de Victor. La succession de Pauline est grevée d'un passif de 1,200 fr. Quels sont les droits et obligations de Victor? (Civ. 1082, 1083.)
Quid si le testament eût été postérieur au contrat de mariage de Victor?

920. Que décider si Victor est décédé avant Pauline, laissant une fille et un fils qui ont survécu à cette dernière?
Que décider si Pauline, dans le contrat de mariage de Victor, avait dit que le prédécès de ce dernier, avec ou sans postérité, rendrait la donation caduque?
Que décider si elle avait dit que la donation était faite en faveur de Victor, et en cas de prédécès de celui-ci au profit de l'aîné de ses enfants? (Civ. 1082.)

921. Édouard a donné à sa nièce, Marguerite, par le contrat de mariage de cette dernière, la totalité des biens qu'il laissera à son décès. L'actif de sa succession s'élève à 100,000 fr. et le passif à 120,000 fr. Marguerite sera-t-elle tenue des dettes *ultra vires*? (Civ. 1006.)

922. Jacques a trois enfants, Eugène, Victor et Clément, En mariant Eugène, il lui a promis l'égalité dans son contrat de mariage. Il meurt, laissant 120,000 fr. Il a légué par préciput 20,000 fr. à Victor.
Ce legs est-il valable? (Civ. 1086.)

923. Louis veut faire donation à Lucien, dans le contrat de mariage de ce dernier, de tous ses biens présents ou à venir. Ses biens présents comprennent un domaine estimé 80,000 fr., et divers objets mobiliers estimés 10,000 fr. Ses dettes présentes s'élèvent à 6,000 fr. Il meurt cinq ans après. Sa succession comprend le domaine, les objets mobiliers, une maison acquise depuis la donation, estimée 40,000 fr., et 130,000 fr. de dettes. Quels sont les droits de Lucien? (Civ. 1084, 1085.)

924. Que décider si, postérieurement à la donation, Louis avait vendu le domaine dont il était propriétaire lors de la donation, et grevé d'une hypothèque la maison par lui acquise depuis la donation? (Civ. 1084, 1085.)

925. Aux termes du contrat de mariage de Louise, Jacques, son oncle, lui a fait donation cumulative de tous ses biens présents et à venir. Louise est décédée avant Jacques, laissant un fils, Pierre, qui a survécu à Jacques. La donation est-elle maintenue?
Que décider si Pierre était mort après sa mère, mais avant Jacques? (Civ. 1089.)

926. Jeanne est mariée sous le régime dotal. Peut-elle avec l'autorisation de son mari faire une donation de biens à venir ou une donation cumulative de biens présents et à venir? (Civ. 1555, 1556.)

CHAPITRE IX

Des Dispositions entre époux, soit par contrat de mariage, soit pendant le mariage

SECTION I. — DES DONATIONS ENTRE ÉPOUX PAR CONTRAT DE MARIAGE

927. Aux termes du contrat de mariage de Louis et de Louise, le futur époux a fait donation à la future épouse, qui ne l'a point acceptée expressément, d'une maison sise à Bordeaux. Cette donation est-elle valable? Un enfant naît du mariage. La donation est-elle révoquée? Que décider si Louise meurt avant Louis sans postérité? (Civ. 1091, 1087, 960, 1092, 767.)

928. Jean, âgé de 23 ans, et Jeanne, âgée de 19 ans, veulent se faire donation réciproque, dans leur contrat de mariage, le prémourant au survivant, de tous les biens qui composeront la succession dudit prémourant. Jean a ses père et mère, Jeanne ses aïeuls paternels et son aïeule maternelle. Quelles personnes ferez-vous comparaître au contrat de mariage? (Civ. 1095, 1398, 903, 150, 148.)

929. Aux termes du contrat de mariage de Pierre et de Marie, le futur époux a fait donation à la future épouse de tous les biens qui composeront sa succession. Du mariage est née une fille, Marguerite. Marie décède avant Pierre. La donation est-elle caduque?
Que décider si cette donation eût été faite à la future épouse par un autre que le futur époux? (Civ. 1093, 1082, 1083.)

9..

66

930. Aux termes du contrat de mariage de Jean et de Jeanne, le futur époux a fait donation à la future épouse d'un vaste domaine, mais en se réservant le droit de vendre, s'il le jugeait convenable, une prairie de cinq hectares comprise dans le domaine. Il meurt sans avoir vendu cette prairie. Il laisse pour lui succéder son frère et sa veuve. A qui appartiendra la prairie ? (Civ. 946, 947, 767, 1086.)

SECTION II. — DES DONATIONS ENTRE ÉPOUX PENDANT LE MARIAGE

931. Jean veut faire donation à Jeanne, huit jours après la célébration de leur mariage, d'une maison sise à Bordeaux et des objets mobiliers la garnissant. Indiquer les formes à suivre. Deux ans plus tard naît de ce mariage une fille, Lucie. La donation est-elle révoquée ? Si Jean décède avant Jeanne, ses héritiers pourront-ils révoquer cette donation ? Si Jeanne décède avant Jean, celui-ci conservera-t-il le droit de révoquer la donation ? Que serait-il advenu si Jean avait fait donation à Jeanne de tous les biens qu'il laisserait à son décès ? (Civ. 1096, 1093, 1166.)

932. Pierre et Marguerite, son épouse, veulent se faire donation réciproque de tous les biens qui composeront leurs successions. Ferez-vous cette donation par un même acte ? Indiquer les formes à suivre. Quand soumettrez-vous cette donation à la formalité de l'enregistrement ? (Civ. 931. — Loi du 21 juin 1843, art. 2. — Loi du 22 frimaire an VII, art. 21.)

933. Marguerite veut, quelque temps après, révoquer la donation par elle faite à son mari. Dans quelle forme cette révocation pourra-t-elle avoir lieu ? La donation faite par Pierre au profit de Marguerite sera-t-elle maintenue nonobstant cette révocation ? (Civ. 1096, 1035. — Loi du 21 juin 1843, art. 2.)

934. Paul et Julie sont mariés sous le régime dotal. Peuvent-ils se faire donation réciproque de tous les biens qui composeront leurs successions ? (Civ. 1554, 1096. — Loi du 21 juin 1843, art. 2.)

SECTION III. — DE LA QUOTITÉ DISPONIBLE ENTRE ÉPOUX

PREMIÈRE HYPOTHÈSE. — Le *de cujus* ne laisse pas d'enfant d'un précédent mariage.

Premier cas. — Réserve des Ascendants

935. Lucien a institué Lucie, son épouse, pour sa légataire universelle. Il meurt laissant sa veuve, son père et ses deux aïeuls maternels. Sa succession s'élève à la somme nette de 100,000 fr. La partager. (Civ. 1094, 767.)

936. Jeanne, majeure, fait un testament aux termes duquel elle institue son mari pour son légataire universel. Elle meurt à l'âge de 25 ans, laissant son père, sa mère et son mari. Sa succession vaut 40,000 fr. La répartir. (Civ. 1094.)

937. *Quid* si elle laisse son père, sa mère, un frère et son mari ? (Civ. 1094.)

938. *Quid* si elle laisse son aïeul paternel, ses deux aïeuls maternels, une sœur et son mari ? (Civ. 750, 1094, 746.)

939. *Quid* si elle laisse ses deux aïeuls paternels, un oncle maternel et son mari ? (Civ. 1094.)

940. Répondre successivement aux questions 936, 937, 938 et 939, en supposant que Jeanne fût âgée de 18 ans au moment où elle a fait son testament. (Civ. 904.)

941. Jeanne, âgée de 18 ans, fait un testament aux termes duquel elle institue son mari pour son légataire universel. Elle meurt à l'âge de 25 ans, laissant sa mère, un oncle paternel et son mari. Sa succession vaut 40,000 fr. La répartir. (Civ. 904, 1094, 754.)

Deuxième cas. — Réserve des Descendants

942. Hector a fait donation à Pauline, son épouse, soit par contrat de mariage, soit pendant le mariage, de tous les biens qui composeront sa succession. Il meurt, laissant sa veuve et un enfant né de son mariage avec Pauline. Sa succession s'élève à 100,000 fr. La partager.
Que décider s'il laisse deux ou trois ou quatre enfants nés de son mariage avec Pauline ? (Civ. 1094, 767.)

943. Même question, en supposant que les enfants soient légitimés au lieu d'être légitimes.

944. Jean a disposé au profit de son conjoint des trois quarts de ses biens en usufruit. Il meurt laissant un enfant issu du mariage. Sa succession vaut 40,000 fr. La répartir. (Civ. 1094, 917.)

945. *Quid* si Jean a légué à son conjoint une rente viagère de 1,200 fr. par an ?

946. Louis et Louise ont adopté un enfant. Louis meurt, laissant cet enfant adoptif, après avoir institué Louise pour légataire universelle. Sa succession vaut 60,000 fr. La répartir. (Civ. 1094, 350.)

947. *Quid* si l'adoption avait été faite par Louis seul, avant son mariage ? (Civ. 350, 1094, 1098.)

9...

67

948. Ernest a institué sa femme pour légataire universelle. Il meurt, laissant un fils légitime et une fille naturelle reconnue avant son mariage. Sa succession vaut 60,000 fr. La répartir. (Civ. 913, 1094.)

949. Jean a institué sa femme pour légataire universelle. Il meurt, laissant ses père et mère, et un enfant naturel reconnu avant son mariage. Sa succession vaut 40,000 fr. La répartir. (Civ. 915, 1094.)

950. *Quid* si l'enfant naturel avait été reconnu par Jean pendant le mariage et avait eu pour mère une femme autre que l'épouse de Jean? (Civ. 337, 915, 1094.)

951. Jean a institué sa femme pour légataire universelle. Il meurt, laissant un oncle paternel, une tante maternelle et un enfant naturel reconnu avant son mariage. Sa succession vaut 40,000 fr. La répartir. (Civ. 760, 913, 1094.)

952. *Quid* si Jean laisse un enfant naturel reconnu avant son mariage, et sa veuve comme légataire universelle, sans laisser aucun parent légitime au degré successible? (Civ. 913, 760, 1094.)

DEUXIÈME HYPOTHÈSE. — Le *de cujus* laisse laisse un ou plusieurs descendants d'un précédent mariage.

953. Jean a institué sa femme comme légataire universelle. Il meurt, laissant cinq enfants d'un précédent mariage. Sa succession vaut 60,000 fr. La partager. (Civ. 1098.)

954. *Quid* s'il ne laisse qu'un enfant et que cet enfant soit issu d'un précédent mariage?

955. *Quid* s'il laisse cinq enfants d'un précédent mariage et qu'il ait légué par préciput 6,000 fr. à l'aîné?

956. Jean avait cinq enfants d'un précédent mariage. L'aîné est mort laissant deux fils, Pierre et Paul. Jean meurt après avoir institué son conjoint pour son légataire universel. Sa succession vaut 60,000 fr. La partager.

957. *Quid* si l'aîné des enfants de Jean, au lieu d'être prédécédé, a renoncé à la succession?

958. *Quid* si Jean avait un enfant du premier mariage et quatre enfants du mariage actuel, et que l'enfant du premier mariage soit prédécédé, laissant deux fils, Pierre et Paul?

959. *Quid* si l'enfant du premier mariage, au lieu d'être prédécédé, est renonçant ou indigne? (Civ. 1098, 1094.)

960. Ernest a institué sa femme pour légataire universelle. D'un premier mariage, il laisse quatre enfants. Il a un enfant naturel reconnu avant son premier mariage. Sa succession vaut 72,000 fr. La partager. (Civ. 758, 1098.)

961. Ernest a institué sa femme pour légataire universelle. Il meurt laissant un enfant légitimé par un précédent mariage et quatre enfants nés du mariage actuel. Sa succession vaut 60,000 fr. La répartir.

962. Même question en supposant que le premier mariage a été dissous, non point par la mort de la première femme, mais par le divorce.

963. Jean, veuf en premières noces avec cinq enfants, se marie avec Jeanne. Dans leur contrat de mariage, Jean et Jeanne se font donation réciproque, le prémourant au survivant, de tous les biens qui composeront la succession dudit prémourant. Jean meurt le premier, laissant les cinq enfants issus de son premier mariage. Sa succession vaut 60,000 fr. La répartir.

964. *Quid* si Jeanne meurt la première, sans descendant ni ascendant, laissant une succession qui vaut également 60,000 fr.?

965. *Quid* si Jeanne laisse son père et sa mère? (Civ. 1094.)

966. *Quid* si Jeanne laisse cinq enfans issus de son mariage avec Jean? (Civ. 1094.)

967. Jean, veuf en premières noces avec un fils, s'est marié en deuxièmes noces avec Louise, et en troisièmes noces avec Julie. Il meurt, laissant pour seul héritier ce fils, après avoir fait donation entre vifs à Louise, d'une maison valant 20,000 fr., et à Julie, d'objets mobiliers valant 3,000 fr. Les biens existant à son décès s'élèvent à 57,000 fr. Partager la succession. (Civ. 1098.)

968. Jacques, veuf en premières noces de Marie, époux en deuxièmes noces de Mathilde, meurt laissant deux enfants issus de son premier mariage et trois enfants issus du deuxième. Il a institué pour légataire universelle sa deuxième épouse. Sa succession vaut 60,000 fr. La partager. (Civ. 1098.)

969. Que décider si Jacques, au lieu d'instituer pour légataire universelle sa deuxième épouse, avait reconnu dans son contrat de mariage que celle-ci apportait une dot de 40,000 fr., alors qu'en réalité elle n'apportait qu'une dot de 5,000 fr.

Que décider si Jacques, eût institué pour légataire universel Ernest, enfant issu d'un premier mariage de Mathilde? (Civ. 1099, 1100.)

970. Edouard, veuf en premières noces avec une fille, fait donation, le 1er juin 1880, de 30,000 fr. à Gaston, oncle de sa deuxième épouse, Jeanne. Le jour de la donation, Jeanne est seule héritière présomptive de son oncle. Celui-ci se marie et de son mariage naît, le 20 septembre 1882, un enfant. Edouard meurt le 10 novembre 1889, laissant pour seule héritière sa fille. Les biens existant à son décès s'élèvent à 30,000 fr. Quel est le sort de la donation? (Civ. 1099, 1100.)

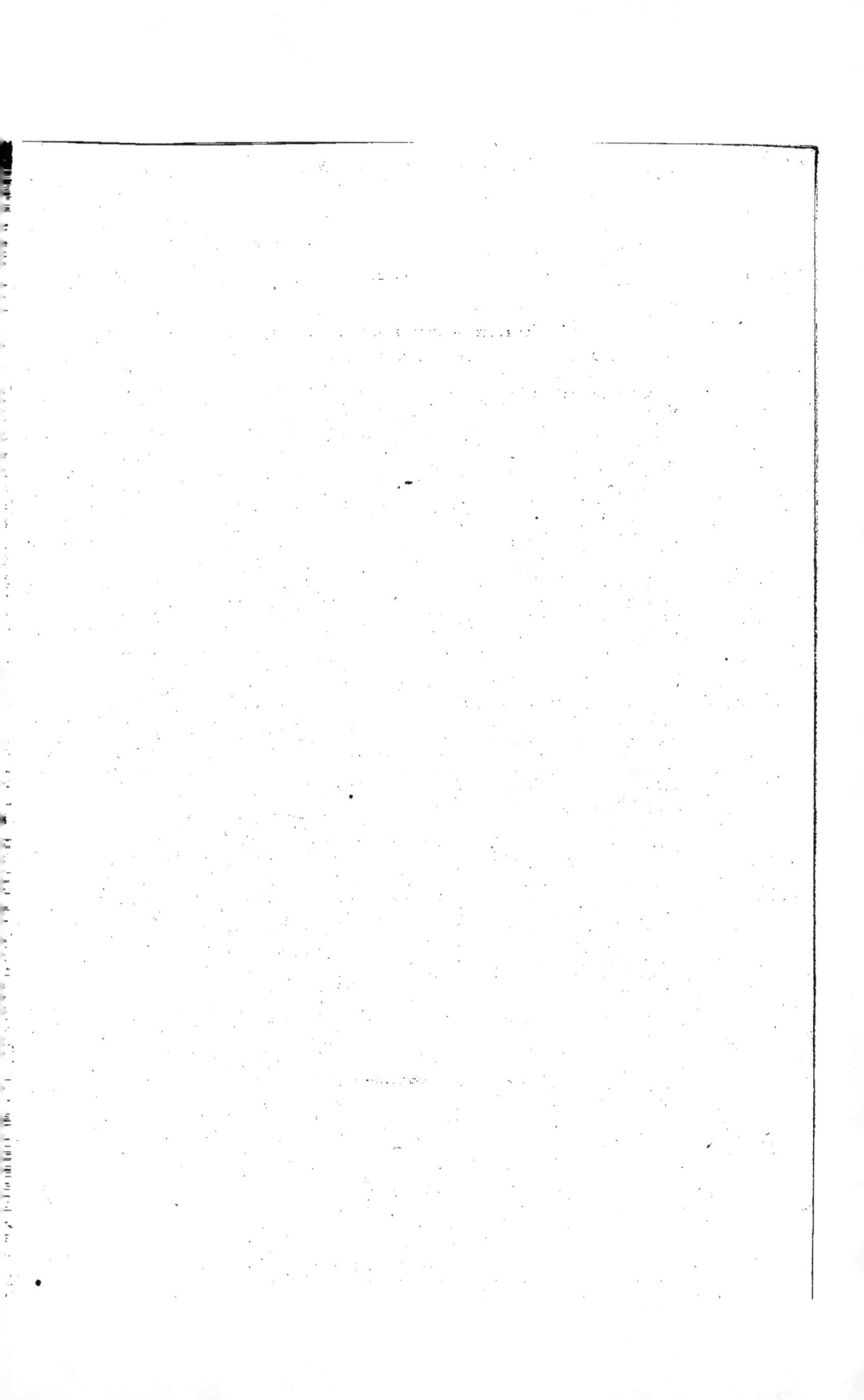

68

971. Jean a institué conjointement pour ses légataires universels, son épouse Jeanne et son ami Adolphe. Il meurt, laissant un fils et une succession de 80,000 fr. Partager cette succession. (Civ. 1094, 913.)

972. Pierre a fait donation par son contrat de mariage à son épouse Marie de tous les biens qu'il laisserait à son décès. Il meurt, laissant deux enfants, Adolphe et Auguste, et un testament aux termes duquel il a légué 20,000 fr. par préciput à l'un de ses fils, Adolphe. Sa succession vaut 30,000 fr. La partager. Que décider s'il eût laissé trois enfants ? (Civ. 1094, 913.)

973. Paul décède, laissant trois enfants et une succession valant 40,000 fr. Il a légué à son épouse un quart de ses biens en usufruit, et à Pierre, son ami, un quart de ses biens en pleine propriété. Ce double legs est-il valable ?
Que décider s'il eût légué à son épouse un quart de ses biens en pleine propriété, et à Pierre un quart de ses biens en usufruit? (Civ. 1094, 913.)

974. Ernest meurt, laissant ses père et mère, son épouse et une succession de 80,000 fr. Il a légué à son épouse l'usufruit de tous ses biens et a institué pour son légataire universel son ami Adolphe. Partager la succession. (Civ. 1094, 914.)

975. Un mari est décédé laissant sa veuve et un unique enfant né de leur union. Il a légué sans stipulation de préférence : à sa femme un quart en propriété et un quart en usufruit ; à Xavier, non successible, une somme de 15,000 fr., et à Jacques, également non successible, une rente de 250 fr. 3 °/₀ sur l'Etat, représentant au cours de 102 fr. un capital de 8,500 fr. L'actif de sa succession est de 250,000 fr. Le répartir.

976. Lucien meurt, laissant un fils et une succession de 80,000 fr. Il a fait donation à son épouse d'une rente viagère de 3,000 fr. et a légué à Jacques, son ami, 5,000 fr. Partager cette succession.
Que décider si ce fils eût été issu d'un précédent mariage ? (Civ. 1094, 1098, 913, 917.)

977. Etienne meurt, laissant un fils, Alphonse, issu d'un premier mariage, et une fille, Mathilde, issue d'un deuxième mariage. Sa succession vaut 90,000 fr. Il a fait une donation par préciput à sa fille Mathilde de 20,000 fr. et a légué à sa deuxième épouse pareille somme. Partager la succession. (Civ. 1098, 913.)

978. Adrien meurt, laissant sa veuve, son père, son aïeule maternelle et une fille naturelle, Lucie, qu'il a reconnue avant son mariage.
Il a légué une moitié de ses biens à sa veuve, avec dispense de rapport, et l'autre moitié à son ami Ludovic. Sa succession vaut 80,000 fr. La répartir. (Civ. 1094, 1098, 915.)

979. Même question, en supposant qu'Adrien ne laisse d'autre ascendant que son père.

980. Répondre aux deux questions précédentes en supposant qu'au lieu d'un seul enfant naturel Adrien en laisse deux, ou trois, ou quatre.

981. M. Bertrand a un enfant légitime et un enfant naturel reconnu.
Il s'est remarié et a donné par contrat de mariage la quotité disponible à sa seconde femme.
Depuis, il a fait testament par lequel il lègue par préciput et hors part la quotité disponible à son enfant naturel.
Il vient de décéder à la survivance de son épouse et laissant son enfant légitime et son enfant naturel reconnu.
La succession comprend une somme de 100,000 fr.
Liquider cette succession. (Civ. 1098, 913, 758, 908, 337.)

TABLE DES MATIÈRES

www.ingramcontent.com/pod-product-compliance
Lightning Source LLC
Chambersburg PA
CBHW052103230326
41599CB00054B/3711